Internet
Les aides à la recherche

Internet
Les aides à la recherche

Gabriela Gavrilut

Maryline Letranchant

Nathalie St-Jacques

Sylvie Tellier

TRÉCARRÉ

Données de catalogage avant publication (Canada)

Vedette principale au titre :

Internet : les aides à la recherche

Comprend des réf. bibliogr. et un index.

ISBN   2-89249-624-1

1. Internet (Réseau d'ordinateurs).   2. Réseaux à grande distance (Informatique).   I. Gavrilut, Gabriela, 1964-   .

TK5105.875.I57I547 1996   004.6'7   C96-940291-0

TK
5105
·875
I 57
I 583
1996

Révision linguistique : Andrée Quiviger
Conception de la couverture : Claude Marc Bourget
Mise en pages : Caractéra inc.

ISBN 2-89249-624-1
Dépôt légal – Bibliothèque nationale du Québec, 1996

Imprimé au Canada

Éditions du Trécarré
Saint-Laurent (Québec) Canada

Avertissement

L'Internet est un monde en mouvance. La possibilité pour l'utilisateur, tout fouineur et passionné qu'il soit, d'avoir de ce monde une représentation exacte est de l'ordre de la fiction.

Ce guide n'est donc pas exhaustif et ses auteures ne prétendent pas à l'infaillibilité ; tout au plus cherchent-elles à favoriser une meilleure compréhension de la recherche d'information sur l'Internet. Entre le moment de la rédaction et celui de la lecture, certains sites auront changé d'adresse ou complètement disparu de la carte Internet, et d'autres outils auront sans doute eu le temps d'émerger.

Nous ne pouvons que nous en réjouir, parce que ce qui est passionnant dans le monde de l'Internet, c'est justement le plaisir d'une découverte constamment renouvelée.

Les auteures

Table des matières

Introduction

L'Internet, c'est un ensemble d'informations libres, accessibles par le biais d'une variété de services, dépourvues de standards et non organisées par sujets. L'Internet c'est aussi plus de 30 000 000 d'utilisateurs à travers la planète, à la fois consommateurs et producteurs d'information. Les utilisateurs sont favorisés pour jouer le rôle de producteurs si l'on considère les facilités d'accès à la technologie du World Wide Web (WWW) et les moyens dont ils bénéficient pour chercher de l'information.

Les systèmes d'aide à la recherche, ce sont aussi bien les outils permettant de trouver de l'information à l'aide de mots clés, les index, les formulaires de recherche et les méthodes de classification. D'à peine une poignée, ils sont passés à plus d'une cinquantaine en deux ans. Leur popularité est fonction de celle de l'environnement dans lequel ils s'inscrivent (par exemple, Netscape a supplanté Mosaic, qui lui-même, a supplanté Gopher) ; elle dépend également de l'organisme qui les a créés, de la diffusion dont ils profitent et, espérons-le, de la pertinence des réponses trouvées.

Généralement conçus par des informaticiens, les systèmes d'aide à la recherche s'inspirent de certaines méthodes et de certaines techniques inhérentes aux sciences de l'information ; ces parentés sont plus ou moins heureuses et parfois tout à fait ingénieuses. Malgré certaines ressemblances, chaque système a son existence propre et son mode de fonctionnement n'est pas toujours limpide. Quand elle existe, la documentation sur ses caractéristiques se révèle soit trop sommaire, soit d'un niveau technique peu accessible.

Cela fait d'autant plus problème que les utilisateurs ne sont généralement pas des initiés. Quel système d'aide choisir ? Comment fonctionne-t-il ? À quel genre de réponses faut-il s'attendre ? Si, aujourd'hui, il est encore opportun de choisir au hasard les interfaces de navigation ou d'utiliser toujours le même système d'aide, cette solution n'en sera plus une demain, tant le volume d'informations atteindra des proportions inimaginables.

Ce livre est un guide de recherche d'information sur l'Internet. Il s'adresse aux utilisateurs qui, ayant visité l'inforoute, y ont découvert joie – soit une quantité incalculable d'informations – et misère – soit la difficulté de pouvoir discerner parmi cette masse l'objet de leur recherche.

Ce livre s'adresse donc à ceux qui aiment non seulement naviguer, mais aussi trouver ; à tous ceux qui sont fascinés par l'Internet et voudraient, comme Ulysse, faire un beau voyage... guidés.

PREMIÈRE PARTIE

GUIDE DE RECHERCHE

La recherche d'information

La recherche d'informations peut devenir un art collectif à condition, bien sûr, de maîtriser un tant soit peu les techniques de recherche qui ne sont pas le lot des seuls spécialistes en information. Par une méthode simple, vous pouvez rapidement vous familiariser avec les techniques de recherche. Cette méthode comporte diverses étapes qui n'ont pas à être franchies systématiquement lors de chaque recherche ; tout dépend de la complexité de la recherche.

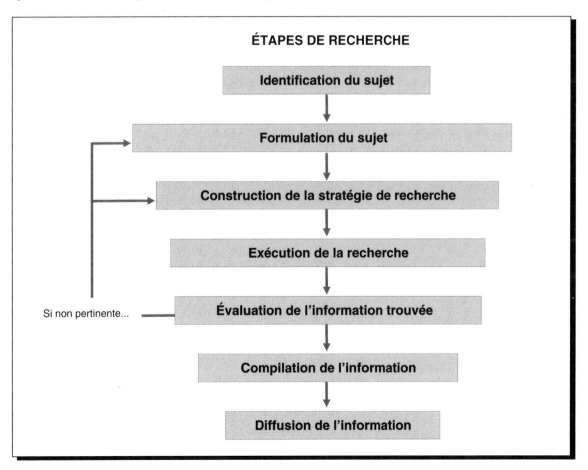

ÉTAPES DE RECHERCHE

Identification du sujet

Formulation du sujet

Construction de la stratégie de recherche

Exécution de la recherche

Évaluation de l'information trouvée

Si non pertinente...

Compilation de l'information

Diffusion de l'information

IDENTIFICATION DU SUJET DE RECHERCHE

Quelques méthodes

La méthode utilisée pour identifier le sujet de recherche dépend de la complexité de celle-ci : plus la recherche est complexe, plus la méthode doit être approfondie. Le choix de la méthode dépend aussi du destinataire de la recherche : s'agit-il d'un individu ou d'un groupe ? Êtes-vous le seul bénéficiaire ou quelqu'un d'autre utilisera-t-il vos services ? Parmi les quelques méthodes présentées ci-dessous, seule l'entrevue constitue une technique exclusivement destinée à l'identification du sujet.

L'entrevue

L'entrevue vise à recueillir les besoins de la personne qui commande la recherche.

Les étapes de l'entrevue sont les suivantes :
- définition du sujet (quoi ?) ;
- motivations, objectifs du bénéficiaire (pourquoi ?) ;
- ses caractéristiques personnelles (qui ?) ;
- relation (comment ?) entre la question et les ressources (où ?) ;
- genre de réponse et délais fixés (quand ?).

L'entrevue permet :
- de bien comprendre le sujet et la question ;
- de définir tous les concepts et les termes avec lesquels vous n'êtes pas familier ;
- de circonscrire les limites de la recherche (temporelles, géographiques, linguistiques, etc.) ;
- d'expliquer à l'utilisateur les principes et les mécanismes de la recherche ;
- de déterminer le meilleur moyen de réaliser la recherche et les meilleures sources d'information ;
- de bien préparer la stratégie de recherche [DESC93].

Le brainstorming

Le brainstorming consiste à recueillir tout ce que vous savez sur un sujet. Par exemple, dans le but de résoudre un problème, il s'agit de faire surgir autant de solutions que possible, même les plus inusitées et ce, sans les critiquer, si l'on veut déjouer la tendance naturelle à enfermer le problème dans des limites.

Le brainstorming peut s'effectuer individuellement ou en groupe : au cours d'une session individuelle les idées viennent plus librement, mais elles s'approfondissent davantage au cours d'une session de groupe.

Une fois la session terminée, les notes prises sont d'abord compilées, puis les meilleures sont explorées par la suite.

L'élaboration d'un réseau sémantique

Le *concept mapping* consiste à élaborer un réseau sémantique de concepts donnés. Le réseau est représenté par un graphe qui comporte des noeuds sémantiques ; chaque noeud correspond à un objet (un concept), relié à d'autres par des flèches. La structuration des concepts est utilisé dans plusieurs disciplines : l'intelligence artificielle, l'ingénierie, l'éducation, les sciences de l'information, etc.

Deux chercheurs de l'université de Calgary [GAIN95] l'ont mise à profit sur le Web. À l'aide du logiciel Kmap, conçu pour Macintosh d'Apple, les chercheurs ont réussi à intégrer le *concept mapping* dans l'environnement Nestcape, ce qui laisse présager des applications de cette technologie sur l'Internet à plus ou moins court terme.

Le *mind mapping* est une méthode similaire. Le point de départ est un mot central ou un concept autour duquel vous élaborez et nommez de cinq à dix idées principales. Autour de chaque nom d'idée, vous en développez de cinq à dix autres. Créée par Tony Buzan [BUZA93], cette méthode permet de produire et d'organiser un nombre illimité d'idées, favorise la précision d'un concept que définit un seul mot et la représentation sémantique de vos idées. Effectué individuellement ou en groupe, le *mind mapping* peut contribuer à l'articulation des idées recueillies lors du brainstorming.

Les étapes de l'identification du sujet

- Définir le contexte de la recherche.
- Identifier l'objet de la recherche.
- Délimiter la recherche.
- Préciser le genre de réponse désiré.

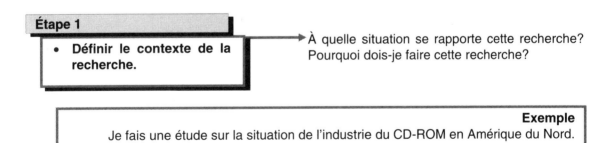

Étape 1

- **Définir le contexte de la recherche.**

À quelle situation se rapporte cette recherche? Pourquoi dois-je faire cette recherche?

Exemple
Je fais une étude sur la situation de l'industrie du CD-ROM en Amérique du Nord.

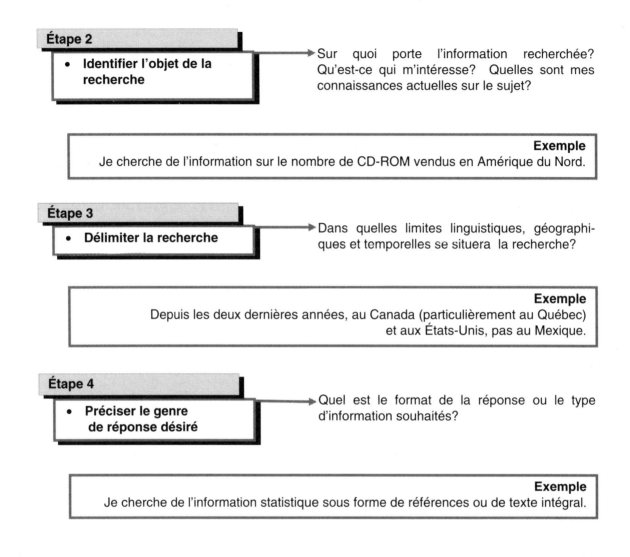

Étape 2

- **Identifier l'objet de la recherche**

Sur quoi porte l'information recherchée? Qu'est-ce qui m'intéresse? Quelles sont mes connaissances actuelles sur le sujet?

Exemple
Je cherche de l'information sur le nombre de CD-ROM vendus en Amérique du Nord.

Étape 3

- **Délimiter la recherche**

Dans quelles limites linguistiques, géographiques et temporelles se situera la recherche?

Exemple
Depuis les deux dernières années, au Canada (particulièrement au Québec) et aux États-Unis, pas au Mexique.

Étape 4

- **Préciser le genre de réponse désiré**

Quel est le format de la réponse ou le type d'information souhaités?

Exemple
Je cherche de l'information statistique sous forme de références ou de texte intégral.

FORMULATION DU SUJET

Une fois le sujet identifié, sa formulation consiste à établir un ensemble de mots clés pertinents qui seront soumis au moteur de recherche dans le but d'obtenir une réponse adéquate.

Les étapes de la formulation du sujet

Étapes

- Dégager les concepts du contexte.
- Traduire les concepts en mots clés.
- Déterminer les équivalences.
- Regrouper mots clés et équivalences.

Étape 1

- **Dégager les concepts du contexte**

Quels mots ou expressions précisent le mieux les concepts de la recherche?

Exemple

Étude sur l'industrie du CD-ROM au Québec; nombre de CD-ROM vendus en Amérique du Nord; au Canada (particulièrement au Québec) et aux États-Unis, pas au Mexique; information statistique sous forme de références ou de texte intégral.

Étape 2

- **Traduire les concepts en mots clés**

Quels mots clés traduisent le plus adéquatement les concepts?

Exemple

CD-ROM; vente; industrie; statistiques.

Étape 3

- **Déterminer les équivalences**

Quels sont les synonymes et les équivalences?

Exemple

CD-ROM ou disque(s) optique(s); vente; industrie ou marché; statistiques.
Optical disk; sales; market; statistics.

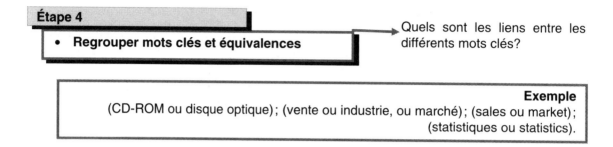

Étape 4

- **Regrouper mots clés et équivalences**

Quels sont les liens entre les différents mots clés?

Exemple
(CD-ROM ou disque optique); (vente ou industrie, ou marché); (sales ou market); (statistiques ou statistics).

CONSTRUCTION DE LA STRATÉGIE DE RECHERCHE

La stratégie de recherche consiste à identifier les sources d'information, à traduire les mots clés et à les réunir en fonction des règles syntaxiques de chacune des sources. En somme, il s'agit d'adapter la recherche aux exigences des outils utilisés, sans perdre de vue les limites préalablement établies.

Identification des sources d'information

On appelle source d'information tout artefact, livre, CD-ROM, graphique-figure-table, encyclopédie, Internet, périodique, personne-ressource, groupe d'intérêt, vidéo, etc., d'où est puisée l'information.

Les sources d'information sont de trois types :
- Les sources **primaires** sont celles qui fournissent directement l'information (par exemple, un livre).
- Les sources **secondaires** sont celles par l'intermédiaire desquelles on accède aux sources primaires (par exemple, une bibliographie renvoyant à un livre, une banque de données renvoyant à un site).
- Les sources **tertiaires** sont celles qui renvoient aux sources secondaires (par exemple, une bibliographie de bibliographies).

Recourir à plus d'une source d'information assure un plus large éventail de réponses et, donc, une vue d'ensemble sur le sujet choisi. Les sources secondaires et tertiaires, aussi appelées outils de référence, sont habituellement les premières consultées pour trouver les sources primaires.

L'Internet est en soi une mine d'informations riche à la fois de sources primaires, secondaires et tertiaires. Cependant, sa masse d'informations est à ce point volumineuse que l'utilisateur gagne à prendre connaissance de l'information inhérente à chaque service Internet : par exemple, les catalogues de bibliothèques par Telnet, les fichiers textes par Gopher, les divers types de fichiers par FTP ou par le Web. Les outils de recherche Internet agissent également à titre de sources, puisque à chacun d'eux se rattache une base spécifique de données. (Pour le choix de ces outils, consulter la section « Choix de systèmes d'aide », page 43.)

Traduction et organisation syntaxique des mots clés

Chaque outil de recherche a sa propre syntaxe. Les opérateurs, les masques et la recherche par zones, lorsqu'ils sont disponibles, s'expriment de manière différente d'une source à l'autre ; il faut donc reformuler le sujet de la recherche en fonction des règles inhérentes à chacun d'eux.

Cette étape pourra être jugée superflue par les aventuriers de l'Internet, d'autant plus que le vocabulaire de recherche sur l'Internet n'ayant pas subi d'uniformisation, moult synonymes et équivalences y foisonnent. Par exemple, au concept « personne handicapée » correspondent les mots clés : personnes handicapées, handicapés, personnes à moyens réduits, handicapped, etc. Cependant, l'avènement d'outils de plus en plus sophistiqués et l'instauration de systèmes de classification finissent par resserrer le vocabulaire et l'étape proposée devient de plus en plus essentielle.

Éventuellement, espérons-le, les techniques seront suffisamment perfectionnées pour permettre la formulation de la question dans le langage courant que l'outil de recherche se chargera lui même d'adapter. Ainsi, à la requête « je cherche de l'information sur tout ce qui touche les agents intelligents utilisés pour la recherche d'information », l'outil fera d'abord une analyse de la question dans le but de dégager les mots essentiels à la recherche (« agents, intelligents, recherche, d'information ») ; ensuite, par le truchement des opérateurs disponibles, il réunira les mots clés, puis il transmettra au moteur la question adaptée à laquelle celui-ci répondra.

Les opérateurs

Les opérateurs booléens sont les plus connus ; ils tirent leur nom de George Boole, l'un des promoteurs de la logique mathématique contemporaine. Basés sur la théorie des ensembles, ils permettent de raffiner une recherche en excluant ou en incluant certains éléments. Ils se composent de *et, ou, sauf.*

Exemple : *Je cherche de l'information sur les chats et les maladies.* Cette requête entraînera une réponse qui fournit de l'information sur les maladies chez les chats.

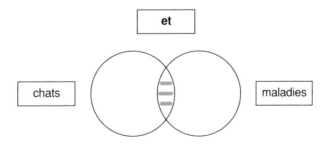

Exemple : *Je cherche de l'information sur les chats ou les chiens.* Cette requête entraînera une réponse qui fournit de l'information sur l'un ou l'autre animal, ou sur les deux à la fois.

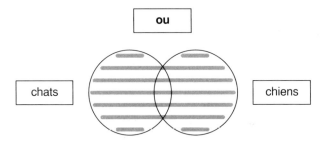

Exemple : *Je cherche de l'information sur les chats, sauf les siamois.* Cette requête entraînera une réponse qui fournit de l'information sur les chats, mais pas sur les siamois.

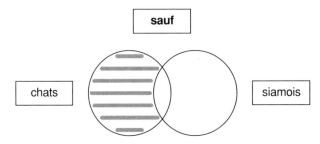

Les opérateurs booléens peuvent être utilisés simultanément pour raffiner la recherche. Cette technique nécessite l'utilisation de parenthèses.

Exemple : (chats sauf (siamois et himalayens)) et maladies

D'autres opérateurs permettent également de raffiner la recherche. Les opérateurs de proximité indiquent le voisinage de deux ou plusieurs mots sur une même ligne, ou dans un même paragraphe. Les opérateurs d'adjacence indiquent, quant à eux, que les mots doivent se trouver l'un à côté de l'autre. Les symboles employés pour désigner ces opérateurs diffèrent d'un moteur de recherche à un autre.

Exemple : chats (adj) siamois
       chats (w) siamois (w utilisé pour *word*)
       chats (near) siamois
       chat-siamois

Plusieurs moteurs de recherche tiennent pour mots vides ou pour mots-outils les mots qui servent à la syntaxe d'une phrase : les verbes, les adverbes, les prépositions, les articles et les conjonctions. Ces mots figurent dans un antidictionnaire qui sera consulté par le moteur de recherche lors de l'indexation de l'information. Les mots intégrés à l'antidictionnaire sont considérés comme nuls. À la recherche du mot « pomme de terre », on peut appeler les mots « pomme » et « terre » en adjacence, la préposition « de » étant ignorée par l'outil de recherche.

Plusieurs outils de recherche sur l'Internet ne permettent pas l'utilisation d'opérateurs. Avec le raffinement des outils et l'apparition de formulaires de recherche, celle-ci devient cependant de plus en plus courante.

La troncature et le masque

On appelle «troncature» la substitution d'un symbole à des caractères (de zéro à plusieurs). Cette possibilité permet de chercher de l'information sur des mots à partir d'un même radical (troncature à gauche) ou d'un suffixe donné (troncature à droite). La troncature est souvent exprimée à l'aide de l'astérisque (*).

> **Exemple :** ***sexuel*** cherchera aussi bien homosexuel que transexuel et bisexuel
> ***angl*** * permettra de trouver anglophone, anglais, anglicisation, anglicisme, etc.

Le masque permet de remplacer de zéro à un caractère par un symbole. On recourt à cette technique quand on hésite sur la nature d'un caractère ou quand on recherche des mots qui ne diffèrent que par un caractère (par exemple, pour le singulier et le pluriel d'un mot) ou lorsqu'on veut spécifier le nombre exact de caractères à chercher. Le masque est souvent représenté par le point d'interrogation (?).

> **Exemple : francopho?e** cherchera aussi bien francophone que francophobe
> **français??** cherchera aussi bien français que française et françaises

Très peu d'outils de recherche sur l'Internet sont dotés de telles fonctions.

La recherche par zone

Dans une base de données, l'information est classée dans des zones en fonction de divers types d'information (auteur, titre, etc.). Certaines de ces zones sont indexées pour accélérer l'exploration du moteur de recherche. Les zones indexées servent généralement un type d'informations particulièrement sollicitées parce qu'elles permettent d'identifier la pertinence d'une référence par rapport à une question ; ce sont les zones auteur, titre, éditeur, mot clé. La recherche dans les autres zones sera exécutée plus lentement et sera moins précise.

> **Exemple : AU=tremblay, réjean** (recherche dans la zone auteur)
> **informatique/de** (recherche dans la zone des descripteurs ou sujets)

De nombreux outils sur l'Internet constituent leur base de données à partir de formulaires remplis par les administrateurs de pages. Cette façon de faire permet l'identification de zones. Il est ainsi possible au producteur d'outils d'offrir un choix de zones dans lesquelles la recherche devra être exécutée. Malheureusement, trop peu de systèmes d'aide à la recherche offrent cette possibilité qui augmente de beaucoup la précision de la réponse.

EXÉCUTION DE LA RECHERCHE

Pour exécuter une recherche, il convient d'identifier préalablement le mode de fonctionnement de l'outil de recherche utilisé. Plusieurs outils de recherche sur l'Internet fournissent une case qui accueille les mots clés ; il s'agit ensuite de presser sur le bouton *submit* ou *retour*.

Le temps d'exécution dépend non seulement de l'outil utilisé mais aussi de l'encombrement du réseau au moment où la recherche a lieu.

Après avoir exécuté la recherche, certains logiciels d'interrogation commerciaux assurent un contrôle de pertinence ; cette technique consiste à poursuivre une recherche d'information basée sur des mots clés à partir des résultats d'une requête antérieure. Pour l'instant, les outils de recherche sur l'Internet n'offrent pas cette possibilité.

ÉVALUATION DE L'INFORMATION TROUVÉE

Après avoir exécuté la recherche, il importe d'évaluer l'information en vérifiant la correspondance entre la question posée et les réponses obtenues. Cette vérification peut se faire avant même d'avoir un document en main, par le biais de sa référence (bibliographique ou lien hypertexte avec résumé).

QUELQUES CRITÈRES D'ÉVALUATION DES RÉFÉRENCES BIBLIOGRAPHIQUES

Élément	**Indice d'évaluation**
Auteur	• Expériences, formation académique? • Reconnaissance professionnelle (*Citation index*, *Who's who*, *Biography index*)? • Expertise quant au sujet traité? • Citation de ses publications par d'autres experts, dans d'autres sources?
Titre	• Comprend un ou plusieurs mots clés de la recherche ou mots associés?
Édition	• Première, deuxième, troisième édition…? • Plus d'une édition indique que le document a été soumis à des changements de contenu ; peut aussi indiquer qu'il s'est distingué.
Éditeur	• Édition par des presses universitaires indique un contenu scientifique. • Réputation de l'éditeur ou de l'institution à laquelle est affilié l'auteur (ne garantit pas la qualité du contenu mais la suppose). • N.B. Ne pas confondre éditeur avec *editor* (faux ami, équivalent de «directeur» en français).
Périodique	• Réputé? • Type de vulgarisation: grand public, technique, scientifique? (*Katz's Magazines for Libraries* fournit une brève description évaluative).
Date de publication	• Année de publication? • En science, la date gagne à être la plus récente possible.
Résumé	• Comprend un ou

Une fois le document obtenu, il faut en vérifier la pertinence en examinant l'index, la table des matières, la bibliographie et le contenu.

ÉVALUATION DU DOCUMENT	
Élément	**Indice d'évaluation**
Mots clés	• Accompagnent certains documents : peuvent permettre de relancer une nouvelle recherche.
Table des matières	• Permet un survol du contenu du document.
Introduction	• Hypothèses de départ et buts bien formulés? • Public visé : spécialisé ou général, scientifique ou néophyte? • Méthode utilisée pour obtenir les données?
Contenu	• Faits ou point de vue (par exemple, article de fond vs éditorial)? • Sujet étudié en partie ou entièrement? • Porte substantiellement sur le sujet ou ne fait que l'aborder?
Conclusion	• Conclusion appuyée par des références, des graphiques, d'autres documents, etc.?
Index	• Permet un survol du contenu du document.
Bibliographie	• Oriente vers d'autres sources possibles.

Lorsqu'une source confirme une hypothèse de départ, il vaut mieux faire valider cette information par une autre source, c'est-à-dire trouver une deuxième confirmation.

Le but ultime de cette étape vise à ne conserver que l'information jugée pertinente et, donc, d'éliminer toute autre information, y compris l'information redondante.

Quand le résultat de la recherche n'est pas concluant, on retourne à l'étape « Formulation du sujet de recherche » ou à l'étape « Élaboration de ia stratégie de recherche », selon que la réponse obtenue indique une formulation boiteuse ou une exploitation insuffisante de l'outil.

COMPILATION DE L'INFORMATION

La compilation de l'information trouvée consiste à conserver et, dans certains cas, traiter l'information sous forme d'index, de résumés, de tableaux, d'état des connaissances, de pages Web ou de copie intégrale d'information (photocopie, télécopie, fichier téléchargé) pour assurer une éventuelle réutilisation. Dans tous les cas, on gagne à garder la trace des références bibliographiques correspondant aux sources d'information.

En revanche, les informations trouvées sur le Web, soit au hasard ou à l'issue de recherches systématiques, peuvent rapidement devenir encombrantes. Par ailleurs, tenir un registre peut être fastidieux et engendrer des erreurs vu la complexité des adresses (URL) permettant de retracer les informations et la nécessité de les reproduire scrupuleusement en tenant compte des minuscules et des majuscules.

Pour pallier cette difficulté, plusieurs méthodes peuvent être employées.

Compilation bibliographique

La multiplication des sources d'information électroniques (CD-ROM, documents électroniques, pages Web, etc.) ont conduit les organismes de normalisation à se pencher sur les formats de compilation bibliographique des données électroniques.

Aussi, les recommandations en ce domaine commencent-elles à apparaître sur l'Internet. Cependant, comme pour les documents imprimés, il n'existe pas qu'une seule façon de faire, mais autant de formats bibliographiques qu'il existe d'instances de vérification (organismes de normalisation et éditeurs de périodiques).

Les documents électroniques non soumis à des éditeurs, et les cas sont de plus en plus fréquents sur le Web, souffrent de l'absence d'informations bibliographiques : le nom de l'auteur manque souvent ; l'éditeur n'est pas identifié ; la date correspond, parfois, non pas à celle de la publication, mais à la date d'entrée dans une base de données ou de la dernière modification de l'auteur. Il importe donc de suivre en tout temps la règle d'or : puisque le but d'une référence vise à pouvoir retracer le document correspondant, elle doit inclure tous les renseignements utiles.

Pour la compilation bibliographique du présent ouvrage, nous avons adopté un format personnalisé. Voici un exemple pour chaque type d'information électronique.

FORMATS BIBLIOGRAPHIQUES DE DOCUMENTS INTERNET

Type	Modèle	Exemple
Message électronique (e-mail)	[Code auteur] Prénom, nom. *Sujet du message*. Jour, mois, année de l'envoi. Adresse électronique d'origine. (Type de document + contexte de l'envoi.)	[BRISE95] Gavrence Brisebois. *Outils de recherche*. 15 décembre 1995. briseboisg@info.qc.ca (Message électronique personnel.)
FTP	[Code auteur] Prénom auteur, nom. *Titre du document*. Lieu de création, institution hôte, date de création. Protocole://Adresse /répertoire/fichier. Nom d'utilisateur, mot de passe.	[BRISE95] Gavrence Brisebois. *Outils de recherche*. Montréal : TIC, 15 décembre 1995. ftp://tic.qc.ca/pub/rapports/tr-24.txt Anonymous
Gopher	[Code auteur] Prénom auteur, nom. *Titre de la page*. Lieu de création, date de création. Protocole://Adresse /répertoire/fichier.	[BRISE95] Gavrence Brisebois. *Outils de recherche*. Montréal, 15 décembre 1995. gopher://tic.qc.ca/pub/rapports/tr-24.txt
Telnet	[Code auteur] Prénom auteur, nom. *Titre du document*. Lieu de création, institution hôte, Date de création. Protocole://Adresse /répertoire/fichier. Nom d'utilisateur, mot de passe (s'il y a lieu).	[BRISE95] Gavrence Brisebois. *Outils de recherche*. Montréal : TIC, 15 décembre 1995. telnet://tic.qc.ca/pub/rapports/tr-24.txt Clues
Web	[Code auteur] Prénom auteur, nom. *Titre de la page*. Lieu de création, Date de création. Protocole://Adresse /répertoire/fichier.	[BRISE95] Gavrence Brisebois. *Outils de recherche*. Montréal, 15 décembre 1995. http://www.info.ca/outils.html

Signets structurés en fonction de la demande

Les interfaces de navigation du Web comprennent généralement la possibilité d'enregistrer des signets, c'est-à-dire une liste d'hyperliens permettant de retourner à des sites d'intérêt déjà visités. Par exemple, la fonction *bookmarks* de Netscape[1] permet de compiler un ensemble de références à des sites Web et ce, de manière structurée. Après avoir trouvé un site dont il veut garder la trace, l'utilisateur choisit sous le menu *Bookmarks* (signets) l'option *Add Bookmark* ; dès lors, le nom du site figurera dans une liste ; si l'utilisateur le désire, il pourra toujours modifier le nom du site.

Le nombre de sites ainsi consignés peut cependant devenir excessif. Il est donc conseillé d'éditer l'ensemble des signets sous forme d'index à l'aide des options *New Bookmark*, *New Header* et *New Separator*.

EXEMPLE DE CATALOGUE DE SIGNETS

Index
    Yahoo
Listes d'outils
    Search Engines Available on the Internet
    Search Tools
    World Wide Web Robots, Wanderers, and Spiders
Méta pages
    W3 Search Engines
    Outils de recherche
    Outils de recherche WWW
Robots
    List of Robots

La méthode des signets vous évite de mémoriser une adresse compliquée ou de compiler un répertoire d'adresses ; Netscape compile le nom des sites et leur adresse dans un fichier *bookmark.htm* codé HTML. Tel qu'illustré dans l'exemple qui suit, ce fichier est généré automatiquement et ne doit pas être édité. Il peut cependant être imprimé ou sauvegardé sous un autre nom si l'on veut conserver les adresses URL équivalant aux signets, car ces adresses ne figurent pas dans le catalogue de signets.

---

1. Mosaic comporte aussi cette possibilité technique appelée *hotlist*.

```
FICHIER BOOKMARK.HTM (EXTRAIT)

<!DOCTYPE NETSCAPE-Bookmark-file-1>

<!-- This is an automatically generated file.
   It will be read and overwritten.
   Do Not Edit! -->
<TITLE>Sylvie Tellier's Bookmarks</TITLE>
<H1>Sylvie Tellier's Bookmarks</H1>
<DL><p>
   <DT><H3 ADD_DATE="821489348">Robots</H3>
   <DL><p>
     <DT><H3 ADD_DATE="821490439">Général</H3>
     <DL><p>
     </DL><p>
     <DT><H3 ADD_DATE="821490459">Listes</H3>
     <DL><p>
             <DT><A  HREF="http://info.webcrawler.com/mak/projects/robots/active.html"
ADD_DATE="821489319" LAST_VISIT="821489314">List of Robots</A>
<DD>
     </DL><p>
   </DL><p>
   <DT><H3 ADD_DATE="821490338">Index</H3>
   <DL><p>
             <DT><A    HREF="http://www.yahoo.com/"    ADD_DATE="821490350"
LAST_VISIT="821490326">Yahoo</A>
<...</DL><p>
```

Informations structurées dans une page Web

Constituer une page Web nécessite une connaissance minimale du langage de codage HTML (*hypertext markup language*). Ce langage permet non seulement de maîtriser la présentation de votre page Web, mais également d'établir des liens avec des pages sur votre propre site ou sur d'autres sites. Le langage est décodé par l'interface de navigation utilisée pour visiter votre page.

Ce langage constitue un sous-ensemble du langage SGML (*Standard General Markup Language*). Beaucoup plus simple, il s'apprend rapidement, mais il est en revanche plus limité. De nombreux tutoriels HTML existent sur l'Internet ; ils peuvent être retracés en faisant une recherche au moyen de mots clés *html tutorial*.

Une page Web est constituée d'un fichier ascii. Généralement, ce fichier est nommé à l'aide de l'extension .htm (pour la plate-forme PC) ou .html (pour toutes les autres plates-formes).

DIFFUSION DE L'INFORMATION

Si l'information obtenue est destinée à d'autres personnes, vous devez faire le choix d'un mode de diffusion. Pour ce faire, vous devez répondre aux question suivantes [SEAR] :

- Qui est le ou la destinataire de votre recherche ? Quels sont ses besoins ?
- Où et quand allez-vous livrer les résultats de votre recherche ?
- Quelle est la meilleure manière de diffuser ce que vous avez trouvé ?
- Le but de la recherche et la pertinence du résultat sont-ils nettement en évidence ?

Les supports de diffusion sont multiples : acétates, état des connaissances, bulletin électronique, graphique, article, présentation multimédia, page Web, rapport, actes de conférence et autres.

Par ailleurs, il existe plusieurs modes de diffusion : babillard électronique, courrier électronique, télécopieur, personne à personne, groupe de discussion, Internet, séminaire, table ronde, etc.

Bibliothèque virtuelle

Une bibliothèque virtuelle est une bibliothèque traditionnelle dont les services ont été informatisés et mis en réseau : fourniture de documents, accès à des banques de données, consultation du catalogue de bibliothèques, possibilité de contacter la bibliothécaire de référence, etc. Il est même envisagé dans un proche avenir de pouvoir consulter à l'écran des documents intégralement digitalisés comme en font foi, notamment, les projets de la Bibliothèque de France, du réseau américain KICNet, de la Carnegie Mellon University, de l'Institut canadien d'information scientifique et technique, et de la Library of Congress. Un volume impressionnant de documents électroniques seront ainsi disponibles.

QUELQUES SITES DE BIBLIOTHÈQUES VIRTUELLES

[BIBL] Bibliothèque nationale de France. La Bibliothèque nationale de France.
http://www.culture.fr/culture/sedocum/bnf.htm

[HYDR] Hydro-Québec. *Bienvenue à la Bibliothèque d'Hydro-Québec.*
http://www.vpi.hydro.qc.ca/biblio/intro.html

[ICIS] ICIST. *Institut canadien de l'information scientifique et technique (ICIST).*
http://www.cisti.nrc.ca/cisti/icist.html

[LIBR] Library of Congress. *The Library of Congress.*
http://www.loc.gov/

[SIRI] SIRI. *Service intégré des ressources d'information (SIRI).*
http://www.citi.doc.ca/Citi-Mosaic/Citihome/SIRI/SIRI.html

Certaines bibliothèques recréent virtuellement leur environnement à l'aide des MOO (Multi-User Object Oriented). Les MOO peuvent se présenter sous forme de dessins reproduisant les locaux de la bibliothèque et dont les divers éléments (bureau de référence, étagères, coin de lecture, etc.) sont liés à l'information de manière hypertextuelle.

EXEMPLE DE MOO

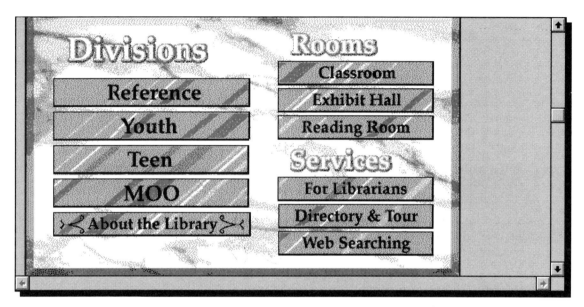

Les MOO sont parfois des programmes qui engagent une conversation avec l'utilisateur pour connaître ses besoins : un MOO de ce type demandera votre nom, votre sexe, votre lieu d'origine, vos besoins de recherche, etc.

QUELQUES BIBLIOTHÈQUES MOO

[INDI]   Indiana University - Purdue University Indianapolis Library. Welcome to the Indiana University - Purdue University Indianapolis Library.
http://www-lib.iupui.edu/

[INFO]   The Informatics Library. *The Informatics Library floor plan.*
http://www.ifi.uio.no/ifibib/kart/ifib_eng.html

[INTE]   *The Internet Public Library.*
http://ipl.sils.umich.edu:80/

[UCBE]   UC Berkeley. *Welcome to the UC Berkeley.*
http://www.lib.berkeley.edu

Une bibliothèque virtuelle peut également se définir comme un ensemble d'informations structurées sur un thème et intégré au Web, ou de nombreux utilisateurs du Web. C'est le cas de la *WWW Virtual Library*, qui comporte une multitude de thèmes : jardinage, informatique, psychologie, etc. Chaque thème constitue un site pris en charge par un éditeur responsable de surveiller sur l'Internet toute information s'y rapportant ; l'éditeur organise son site par type d'information (centres de recherche, glossaires, compagnies, etc.) et crée des hyperliens avec l'information pertinente.

EXEMPLE D'UN THÈME DE LA WWW VIRTUAL LIBRARY

En somme, le Web est lui-même en voie de devenir une immense bibliothèque virtuelle.

Constituer sa propre bibliothèque virtuelle est un excellent moyen de compiler l'information jugée pertinente non seulement pour soi-même, mais aussi pour quiconque a les mêmes intérêts.

Il s'agit d'abord de circonscrire un sujet général, puis les sujets sous-jacents. Il faut ensuite déterminer la manière d'organiser l'information afférente. Malheureusement, peu de sources renseignent sur les méthodes d'organisation de l'information sur le Web. Chaque administrateur de sites y va de sa propre méthode. Cependant, les façons de faire tendent à se généraliser. La première page d'un site (*homepage* ou page d'accueil) est la porte d'entrée de l'information ; elle comporte souvent la liste des sujets abordés sous forme de table des matières. Des liens sont établis avec d'autres pages portant sur des sujets plus spécifiques. Certains sites, de plus en plus nombreux, disposent d'outils qui permettent de rechercher l'information dans toutes leurs pages. L'accès à l'information peut aussi se trouver facilité par un système de classification.

On peut rendre sa bibliothèque virtuelle accessible par réseau, soit globalement, soit partiellement. On peut également en limiter l'accès à un bassin d'utilisateurs. Pour maîtriser l'accès à sa bibliothèque virtuelle, on recourt à la technique du mot de passe.

Diffusion sélective de l'information

La diffusion ou dissémination sélective de l'information (DSI) consiste à dresser le profil d'intérêt d'un utilisateur et à lui fournir l'information adéquate à mesure qu'elle est repérée.

Ce service comporte plusieurs avantages pour l'utilisateur :
- il ne reçoit que ce qui l'intéresse ;
- il ne perd plus de temps à consulter inutilement de la documentation non pertinente ;
- il est informé de l'essentiel ;
- il est informé rapidement et régulièrement.

Présentés à la *Fourth international World Wide Web*, deux exemples témoignent éloquemment des avantages de ce principe.

Des chercheurs du Georgia Institute of Technology ont conçu un journal interactif et personnalisé sur la base du profil d'intérêt du lecteur. Ce profil est déterminé par la réaction du lecteur aux articles qui l'intéressent ou non. S'il ne réagit pas, un agent (automatisé) observe son comportement, c'est-à-dire son temps de lecture et les techniques interactives qu'il utilise (sélection, défilement, grossissement, etc.). Muni de ces observations, l'agent essaie d'évaluer l'intérêt du lecteur. Ce dernier peut, par ailleurs, gérer un ensemble de mots clés explicitant son intérêt. Lorsque cette opération est terminée, le système met en page un certain nombres d'articles relatifs aux intérêts profilés [KAMB95].

La seconde expérience a pour nom Jasper (*Joint Access to Stored Pages with Easy Retrieval*). À l'aide d'agents, ce système crée automatiquement de la méta-information sur une page Web (titres, mots clés et résumés), la stocke, prend contact avec d'autres agents pour vérifier les profils d'intérêt de leurs utilisateurs et informe ceux dont les intérêts semblent correspondre à ladite information [DAVI95].

Il existe déjà quelques services fonctionnels sur l'Internet, notamment le *Stanford Netnews Filtering Service*. Après avoir expédié son profil d'intérêt au service, l'utilisateur reçoit sur une base régulière, par messagerie électronique, les nouvelles Usenet reliées à ses intérêts.

Les systèmes d'aide à la recherche

Bien que l'Internet ait déjà 25 ans, jusqu'à récemment la recherche d'information s'y effectuait au gré des trouvailles. Cela se comprend du fait que ses utilisateurs connaissaient les sites (par exemple, le campus Wide Information System).

L'Internet ayant pris de l'ampleur, on peut maintenant le diviser en cinq grandes familles de services : les groupes d'intérêt (Usenet) et les listes de discussion (Listserv) ; les fichiers disponibles par transfert de fichiers (FTP) ; les babillards électroniques et le Telnet ; les services Gopher et, enfin, les services Web. La plupart de ces services sont munis de systèmes d'aide à la recherche. Depuis quelques années et à la faveur du Web, des dizaines de systèmes ont vu le jour. Ils se sont tellement répandus que plusieurs producteurs se sont mis à la tâche pour créer le système le plus populaire de l'Internet.

L'utilisateur qui n'est pas animé par un but précis peut tout simplement naviguer sur l'Internet. Dans le cas contraire, le tâtonnement sera source de frustration, vu la masse d'informations dont l'organisation, faute de standards, dépend de qui les organise.

Pour trouver de l'information sur l'Internet, plusieurs moyens sont dorénavant disponibles : les outils de recherche dont les robots, les métapages d'outils, les index et les systèmes de classification.

LES TYPES DE SYSTÈMES D'AIDE

Les outils de recherche

Les outils de recherche, programmes de recherche par mots clés, fonctionnent tous à peu près de la même façon :
- la page du formulaire de recherche vous invite à entrer un mot clé, souvent dans une petite boîte, et à cliquer sur le bouton de soumission de requêtes ;
- votre requête est reçue par un moteur de recherche qui fouille dans sa propre base de données ;
- le programme de recherche transmet la réponse à votre requête sur une page séparée ; dans le cas du Web, cette réponse contient des liens hypermédias directement branchés sur la source d'information repérée.

Parmi les premiers outils, citons les Archie pour FTP, Veronica (créé en 1992), puis son petit frère Jughead pour Gopher. Sur le Web, les outils, de plus en plus nombreux, peuvent être regroupés en trois types [DEBR94, p. 84] :

- des outils qui, à partir du Web divisé par sujets, fournissent différents accès aux diverses bases de données (Global Network Navigator, EINet Galaxy, CERN's Virtual Library, ALIWEB, etc.) ;
- des robots qui constituent des index portant sur la presque totalité du Web (World Wide Web Worm, JumpStation, NorthStar et CUI's Catalog) ;
- des outils de recherche qui font la recherche sur la machine de l'utilisateur.

Plusieurs outils sur le Web assignent une cote de pertinence aux références trouvées (1 000 à 0000). Cette cote peut aider à identifier les références pertinentes en fonction de la question posée, mais une référence non pertinente pourrait aussi se trouver hautement cotée. La cotation est proportionnelle au poids des références, c'est-à-dire à la fréquence du mot demandé dans la référence. Certains systèmes de cotation tiennent compte de l'endroit où se trouve le mot dans la référence : par exemple, intégré au titre, le mot aura plus de poids que s'il apparaît dans le résumé.

Si la recherche sur Internet peut se faire en français, il est conseillé de choisir des mots non accentués, puisque plusieurs engins de recherche éliminent les caractères accentués.

Les robots

Vu la popularité du Web, le nombre de pages a tellement augmenté qu'il a fallu recourir à des programmes de recherche performants. Le robot, aussi appelé ver (*worm*), ou araignée (*spider*), ou errant (*wanderer*), est apparu sur le Web en 1993-94. Martijn Koster, auteur de plusieurs documents Web sur les robots, en a recensé quarante-sept jusqu'à maintenant.

Les tâches accomplies par le robot sont de plusieurs types [KOST2] :

- **Statistique** : le robot peut, par exemple, compter le nombre de serveurs Web, le nombre de pages par serveur et la taille moyenne des pages.
- **Maintenance** : un robot peut détecter la présence de liens morts, c'est-à-dire des liens qui ne renvoient plus à aucun site parce que ceux-ci ont disparu ou ont changé d'adresse.
- **Effet miroir** : l'effet miroir consiste à copier un répertoire d'un site FTP ou Gopher sur un autre site et de le maintenir à jour.

L'une des fonctions intéressantes du robot réside dans le repérage d'informations. Le robot sillonne automatiquement le Web, collecte de l'information sur un document (URL, titre, mot clé dans le texte, texte intégral, et méta-information) et la stocke dans une base de données. La base est mise à jour automatiquement à intervalles réguliers pour éliminer les liens morts.

La stratégie des robots, pour repérer des informations sur le Web, détermine la qualité et la quantité des informations stockées dans leur base de données. Certains se concentrent sur le plus haut niveau des serveurs (« collecte large ») rencontrés, ce qui procure un nombre moins grand de réponses (par exemple, JumpStation) ; d'autres fouillent en profondeur : ils suivent les liens d'un serveur à un autre et dénichent ainsi plus de réponses (par exemple, Webcrawler)[SCAL95, p. 133]. Néanmoins, cette technique demande à l'utilisateur un certain effort pour trier les réponses pertinentes, les non pertinentes et celles qui se recoupent. Quoi qu'il en soit, cette stratégie assure plus de réponses pertinentes que la précédente.

Un nouveau type de robot prend actuellement de l'expansion sur l'Internet : le *knowbot* (*knowledge robot*). Ce robot fournit un service de diffusion sélective de l'information, c'est-à-dire qu'il cherche automatiquement de l'information en fonction du profil d'intérêt de l'utilisateur et lui envoie un rapport par courrier électronique. Voici quelques services utilisant ces robots :

- *Standford Netnews Filtering Service* (netnews@db.stanford.edu),
- *Mercury Center NewsHound* (newshound@sjmercury.com),
- *DARPA Electronic Library Project* (elib@db.stanford.edu).

Un autre type de robot est incorporé à certains logiciels clients. Contrairement aux autres robots, il n'agit pas sur sa propre base de données, mais il interroge les bases de données d'autres outils. Ce robot présente plusieurs problèmes :

- Il ne sélectionne pas les bases de données en fonction de telle ou telle recherche.
- Il adresse la même requête de recherche à toutes les bases sans tenir compte des fonctions de recherche spécifiques à chacune.
- L'utilisateur ne sait pas dans quelles bases le robot fait sa recherche.
- Il est mis en oeuvre par un utilisateur qui n'a pas l'expertise de son concepteur.
- L'utilisateur ne peut en améliorer le rendement, puisqu'il est incorporé au logiciel client.
- Il profite à des utilisateurs isolés plutôt qu'à toute la communauté.

Exemple : Fish Search[2] et tkWWW robot[3]

Il est à noter qu'un même robot peut accomplir plusieurs tâches : par exemple, RBSE Spider accomplit des tâches statistiques et de repérage d'information.

QUELQUES LISTES DE ROBOTS

[KOST]   Martijn Koster. *List of robots.*
http://info.webcrawler.com/mak/projects/robots/active.html

[YAHO]   Yahoo. *Computers and Internet : Internet : WorldWideWeb : Searching the Web : Robots, spiders, etc.*
http://www.yahoo.com/text/Computers_and_Internet/Internet/World_Wide_Web/ Searching_the_Web/Robot_Spiders_etc_

[WEBC]   *Web crawling spiders and robots.*
http://pegasus.acs.ttu.edu/~z3law/Search/spider.html

[WWWR]   *WWW robots mailing list.*
robots-request@nexor.co.uk, «subscribe» ou «help»

---

2. http ://www.win.ue.nl/bin/fish-search
3. http://fang.cs.sunyit.edu/Robots/tkwww.html

Bien que fort utiles et jouissant d'une grande popularité, les robots présentent plusieurs problèmes [KOST2] :

- Ils sont très exigeants en terme de bande passante, puisqu'ils fonctionnent de manière continue sur de longues périodes et qu'ils explorent une grosse masse d'informations.
- Ils exigent également beaucoup des serveurs et hypothèquent ainsi l'usage du serveur à d'autres fins.
- Le pourcentage de documents pertinents trouvés n'est pas aussi élevé qu'il le devrait, les robots travaillant sur une large partie mais non pas sur l'ensemble du Web.
- Il est souvent difficile d'évaluer la pertinence d'un document, puisque les mots clés utilisés pour la recherche n'y sont pas mis en évidence (par exemple, par la méthode d'inversé-vidéo).
- Les mêmes documents peuvent être repérés plusieurs fois, certains robots ne tenant pas compte de l'historique des sites visités et ignorant les alias d'une adresse ou les copies miroirs.
- Enfin, les robots se butent de plus en plus aux protocoles d'exclusion (*robot exclusion protocol*) de certains sites [CARL95]. Créé par Martijn Koster en 1994, ce protocole sert à plusieurs fins : éviter l'indexation de l'information trop volatile, comme les journaux dont les sites sont en constant changement ; exclure les URL qui ne sont pas des fichiers de données, mais des instructions, tenir à l'écart des sites en construction ou, tout simplement, cacher des sites qu'on ne veut pas voir indexer.

Les métapages d'outils

Certains sites offrent un accès à plusieurs outils dans une même page appelée métapage. La métapage couvre trois types : la liste d'outils, le catalogue multimoteurs de recherche et le catalogue multimoteurs de recherche simultanée.

Les listes d'outils

Les listes d'outils prolifèrent sur le Web. Les outils sont classifiés par type ou tout simplement par ordre alphabétique, et chacun d'eux est lié de manière hypertexte à son serveur. C'est en passant par ces listes que vous pouvez accéder à chaque outil.

EXEMPLE D'UNE LISTE D'OUTILS

AltaVista
InfoSeek
Jughead
Lycos
MetaCrawler
SavvySearch
Veronica
W3 Search Engines
Yahoo

Il est inévitable que se recoupent ces nombreuses listes sur le Web. Il s'agit donc d'en trouver une qui soit la plus complète possible et de la conserver à l'aide d'un signet pour une utilisation ultérieure.

QUELQUES LISTES D'OUTILS

[INTÉ] Intégration en technologie de l'information. *Outils Internet & recherche sur RéZo.*
http://www.iti.qc.ca/iti/iti/navigate.htm

[PARE] Frédérick Parent. *Outils de recherche sur le WWW.*
http://www.cam.org/~fred/index.html

[SEAR] *Search engines available on the Internet.*
http://www.umn.edu/nlhome/m432/bynum001/searchers.html

[SEAR] *Search tools.*
http://www.foodsci.krl.dk/search.html

[YAHO] *Yahoo's Searching the Web.*
http://www.yahoo.com/Reference/Searching_the_Web/

LISTES DE LISTES

[SEAR] *Search engines.*
http://www.tulane.edu/~lmiller/Search.html

Les catalogues multimoteurs de recherche

Les catalogues multimoteurs sont de plus en plus populaires. Sur une page Web, plusieurs outils de recherche sont directement interrogeables ; ils sont classifiés par type d'information recherchée (logiciels, personnes, publications, vocabulaire, etc.). Il existe deux types de catalogues : les CUI et les CUSI.

- Les CUI (*Configurable Unified Engine*) sont à l'origine du catalogue multimoteurs. Sur une page, chaque outil est accompagné d'une case dans laquelle vous pouvez entrer vos critères de recherche. Il est également accompagné du nom de l'outil en lien hypertexte avec son serveur ; ainsi, vous pouvez aller chercher de l'information le concernant. La recherche se fait à l'aide d'un outil à la fois.

EXEMPLE DE CUI

Robots

soumettre		Einet Galaxy
soumettre		Harvest
soumettre		WebCrawler

Logiciels

| soumettre | | ArchiePlex |
| soumettre | | Mac Software Catalog |

- Les pages d'outils CUSI (*Configurable Unified Search Engine*) peuvent être importées sur votre propre site et configurées selon vos besoins. Vous pouvez également combiner plusieurs outils à une même case de recherche ; il s'agit d'entrer les critères dans la case et de choisir l'un des outils qui lui sont associés. Comme c'est le cas des CUI, il est possible d'explorer l'information disponible sur chaque outil.

EXEMPLE DE CUSI

Catalogues WWW

| soumettre | | **WebCrawler** |

Einet Galaxy a une classification par sujet.
Harvest a une base en démonstration.
WebCrawler est plus petit que d'autres mais à jour.

| Einet Galaxy |
| Harvest |
| WebCrawler |

Logiciels

| soumettre | | **ArchiePlex** |

ArchiePlex cherche des fichiers sur FTP.
Mac sfotware Catalog = Michigan's Mac Archive.

| ArchiePlex |
| Macsoftware |

La méthode CUI exige d'entrer chaque fois vos critères de recherche quand vous utilisez un outil. La méthode CUSI ne comporte pas ce désavantage.

QUELQUES CATALOGUES MULTIMOTEURS DE RECHERCHE

[ALLI]   *All-in-One Internet Search.*
         http://www.media-prisme.ca/all/all1srch.html

[ALLI]   *All-in-One Search Page.*
         http://www.albany.net/allinone/all1gen.html#General

[CUSI]   *CUSI.*
         http://pubweb.nexor.co.uk/public/cusi/cusi.html

[INTE]   *Internet Exploration Page.*
         http://www.amdahl.com/internet/meta-index.html

[OUTI]   *Les outils de recherche.*
         http://www.unisoft.fr/search.html

[RISQ]   RISQ. *Outils de recherche WWW.*
         http://www.risq.net/outilwww.html

[W3SE]   *W3 search engines.*
         http://cuiwww.unige.ch/meta-index.html

Les catalogues multimoteurs de recherche simultanée

Les catalogues multimoteurs permettent de faire simultanément une recherche à l'aide de plusieurs outils. Sur une page figurent des outils de recherche accompagnés de cases que vous pouvez sélectionner. La recherche s'effectuera à l'aide d'un ou plusieurs outils selon votre choix.

Exemple de catalogues multimoteurs de recherche simultanée

Recherche dans les pages Web

☐ **InfoSeek**   ■ **Lycos**   ■ **Alta Vista**

Ce type de procédé n'est pas sans faire l'objet de critiques : la recherche, très lourde, encombre le réseau et s'effectue lentement ; elle manque de précision puisqu'un ensemble d'outils au fonctionnement particulier sont soumis à une même méthode et, enfin, la réponse est douteuse, puisque chaque outil a sa façon propre de présenter les résultats.

Exemple : SavvySearch.

Les index

Un index est une liste de sujets classés par ordre alphabétique ; elle ne comporte pas de classes hiérarchiques mais les sujets peuvent être classés par thèmes. Dans un livre, l'index renvoie aux numéros de pages où figurent les sujets. Sur le Web, les sujets sont liés à leurs sources d'information par des hyperliens ; ainsi, l'utilisateur n'a qu'à cliquer sur le sujet pour arriver directement à la page qui l'évoque.

Lorsque compilé sur le Web par des utilisateurs, l'index a ses limites : il ne couvre pas l'ampleur du contenu du Web dont l'augmentation est exponentielle. Aussi l'index est-il surtout utilisé pour de petites masses d'information ; on en trouve souvent parmi les pages d'accueil d'un site dont les producteurs veulent guider l'utilisateur vers l'information désirée.

Pour les plus grandes masses d'information, on utilise plutôt des systèmes automatiques d'indexation comme, par exemple, les robots.

Les systèmes de classification

Les systèmes de classification sur le Web sont diversifiés et peu nombreux. Les uns sont originaux, c'est-à-dire développés par le producteur du site ; c'es le cas de Yahoo, dont la popularité ne cesse de croître. Les autres sont calqués sur des systèmes de classification traditionnels comme Dewey, Library of Congress, la classification décimale universelle (CDU). Par exemple, la *WWW Virtual Library* utilise le système de classification de la Library of Congress.

CLASSIFICATION DE LA LIBRARY OF CONGRESS : 1er NIVEAU

A :	OUVRAGES GÉNÉRAUX
B-BJ :	PHILOSOPHIE ET PSYCHOLOGIE
BL-BX :	RELIGION
C :	SCIENCES AUXILIAIRES DE L'HISTOIRE
D :	HISTOIRE (AMÉRIQUE EXCEPTÉE)
E-F :	HISTOIRE DE L'AMÉRIQUE
G :	GÉOGRAPHIE, ANTHROPOLOGIE, ETC.
H :	SCIENCES SOCIALES
J :	POLITIQUE
K :	DROIT
L :	ÉDUCATION
M :	MUSIQUE
N :	BEAUX-ARTS
P :	LINGUISTIQUE ET LITTÉRATURE
Q :	SCIENCES
S :	AGRICULTURE, INDUSTRIE
T :	TECHNOLOGIE
U :	ART ET SCIENCE MILITAIRE
V :	ART ET SCIENCE NAVALE
W :	MÉDECINE
Z :	BIBLIOTHÉCONOMIE ET BIBLIOGRAPHIE

Il existe également des systèmes de classification spécialisés, comme celui de l'Association of Computing Machinery qui couvre l'informatique.

Les bases de données bibliographiques

Les bases de données bibliographiques sont des banques d'enregistrements couplées à des logiciels d'interrogation ; chaque enregistrement constitue une référence à un ouvrage, un article, un brevet, une compagnie, une norme organisée par zones (auteur, titre, éditeur, année de publication, etc.). L'enregistrement est l'équivalent informatique de la fiche de bibliothèque incidemment en voie de disparition.

Les OPAC

Les OPAC (*Online public access catalog*) sont des catalogues de bibliothèques constitués de l'ensemble des documents d'une bibliothèque ; ces bases de données bibliographiques sont accessibles par Telnet. Les bases de données diffèrent, mais leur fonctionnement est toujours clairement indiqué et des exemples sont fournis. Toutes donnent la possibilité d'interroger par zones d'information : auteur, titre, sujet, éditeur, ISBN (*International Standard Bibliographic Number*), etc.

Les OPAC proviennent de toutes les régions du monde : Afrique, Amérique, Asie et Océanie, Europe et Moyen-Orient. Il est possible, par exemple, de se rendre en quelques secondes à Hong-kong et d'interroger le catalogue de la bibliothèque de la Hong-kong University of Science and Technology.

Les OPAC sont d'excellents outils pour retracer, par exemple, les livres écrits par un auteur, ou les livres portant sur un sujet donné ; ils permettent aussi de voir si les bibliothèques locales disposent du livre que vous cherchez. Malheureusement, la recherche s'effectue dans un catalogue à la fois, mais des expériences d'interrogations simultanées, comme celles du système HyperPals, sont présentement en cours.

QUELQUES SITES D'OPAC

[CSBS]   CSB/SJU Libraries and Computer Department. *HyperPals - HyperText Interface to PALS*.
http://bingen.cs.csbsju.edu/pals/pals_help.html

[LIBR]   *[Library catalogs]*.
gopher://libgopher.cis.yale.edu/

[UNIV]   Université du Québec à Montréal. *Catalogues de bibliothèques*.
http://www.bib.uqam.ca/Catalogues.html

[WELC]   *Welcome to LIBCAT*.
http://www.metronet.lib.mn.us/lc/lc1.html

Les banques de données commerciales

Il existe de plus en plus de serveurs commerciaux (gestionnaires de banques de données) qui donnent accès à leur collection de banques de données par le truchement d'un logiciel d'interrogation situé sur l'Internet. Évidemment, il faut y être abonné, connaître la syntaxe d'interrogation singulière de chaque serveur et s'attendre à des coûts dans certains cas très élevés (déterminés par le temps de consultation, le nombre et le format des notices visualisées). D'où l'importance de bien suivre les étapes d'identification de son sujet de recherche et d'en bien structurer la stratégie ; la pratique usuelle de navigation sur l'Internet est ici à déconseiller car elle peut être très coûteuse.

QUELQUES SERVEURS COMMERCIAUX SUR L'INTERNET

Caractéristiques / Serveurs	Adresse WWW	Étendue	Accès Internet
Cedrom-SNi	http://www.cedrom-sni.qc.ca/	Informations et actualités canadiennes et québécoises.	Web
Dialog	http://www.dialog.com/dialog/dialog1.html	Plus de 450 bd ; information nord-américaine.	Telnet
DataStar	http://www.std.com/datastar	Plus de 400 bd ; réplique européenne de Dialog.	Telnet
Infomart-Dialog	http://www.infomart.ca	Plus de 450 bd ; informations canadiennes mais aussi américaines et européennes.	Telnet
Lexis-Nexis	http://www.lexis-nexis.com/	Plus de 6146 bd ; beaucoup d'informations européennes.	Telnet
Questel-Orbit	http://www.questel.orbit.com/patents	Réplique européenne de Dialog.	Telnet

De manière générale, l'expérience d'interrogation de ces banques de données sur l'Internet ne semble pas pour l'instant concluante. Par exemple, après avoir fait un Telnet pour accéder aux banques de données d'un serveur, l'affichage de données est souvent interrompu à cause de l'encombrement du réseau. Par ailleurs, il faut posséder un utilitaire pour télécharger les données à moins de passer par un logiciel de télécommunications, sans quoi toutes les données affichées seront perdues mais non point la facture ! Autre désavantage de taille : chaque réponse est présentée sur une page Web mais Netscape n'offre pas la possibilité de sauvegarder des pages en bloc. Il faut donc sauvegarder autant de pages Web que de réponses trouvées, ce qui, vous en conviendrez, est extrêmement fastidieux et prolonge indûment le temps de consultation.

LES FORMULAIRES DE RECHERCHE (INTERFACES)

Les formulaires de recherche sont de plus en plus fréquents sur le Web. Ils permettent à l'utilisateur de sélectionner certaines options en vue de raffiner ses recherches. Il peut, entre autres, limiter le nombre de réponses, indiquer le serveur à explorer (FTP, Gopher, Web, etc.), déterminer les zones d'information à rechercher (les adresses URL, les titres, etc.), ou définir l'opérateur qui devra lier les mots clés.

Les formulaires de recherche varient d'un site à un autre, d'où l'importance de les consulter minutieusement pour les comprendre.

EXEMPLE DE FORMULAIRE DE RECHERCHE

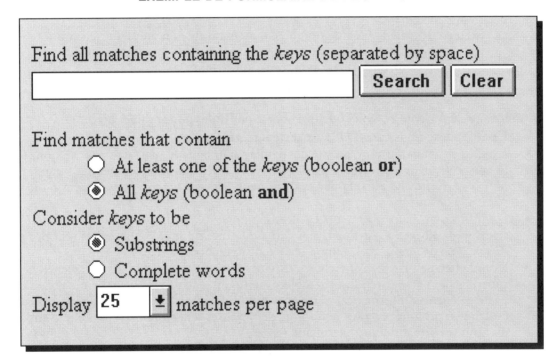

CHOIX DE SYSTÈMES D'AIDE

À cause des multiples formes d'aide à la recherche, l'utilisateur aura tendance à toujours se prévaloir du même outil, d'un seul index, ou de la méthode de classification la plus familière. Or, chaque système d'aide comporte ses limites en termes de fonctionnement mais aussi d'informations auxquelles il donne accès. Les divers moyens n'exploitent pas tous les mêmes sources d'information.

Par exemple, tous les outils ne recourent pas aux opérateurs booléens ; certains outils explorent les bases de données ciblées, d'autres fouillent dans un ensemble de pages Web. Certains outils s'orientent vers l'environnement Gopher ou FTP, tandis que d'autres travaillent dans l'environnement Web.

Il importe donc d'expérimenter plusieurs outils, d'en identifier le fonctionnement et de les sélectionner en fonction de telle ou telle recherche. Quiconque ne maîtrise pas tout à fait bien les techniques de recherche de l'information gagne à faire ces essais, malgré leur caractère fastidieux et même si les fruits ne sont pas évidents.

En 1994-1995, tant d'outils sont apparus que la nécessité de les évaluer s'est imposée. Certes, une telle évaluation revient aux spécialistes de l'information[4], mais tout utilisateur qui fait de la recherche d'information sur le Web à l'aide d'outils, devrait lui-même en mesurer la performance.

Dans un environnement de repérage de l'information, trois critères de performance sont à considérer [LANC72] : la qualité, l'effort requis et le délai d'obtention de la réponse.

- Par qualité, on entend :
    - la couverture de la base de données, autrement dit son ampleur ou ses limitations (géographique, temporelle ou autre) et sa masse d'informations indexées ;
    - la pertinence de l'information repérée, soit le rappel ;
    - l'exclusion de l'information non pertinente, soit la précision ;
    - le format de la réponse.

Compte tenu de ces critères, voici quelques questions utiles pour évaluer les outils :

- L'outil indexe-t-il le titre, l'URL, le texte intégral ?
- L'outil permet-il d'inscrire un site de manière standardisée dans une base de données ? Si oui, cette base est certainement plus uniforme, mais son contenu d'autant plus limité. La recherche à l'aide de cet outil peut être très précise mais laissera moins de place à la découverte.
- L'outil recourt-il aux opérateurs booléens, permet-il la troncature, les expressions (plusieurs mots adjacents par opposition aux unitermes ou mots seuls) ? Plus un outil permet ce type de possibilités, plus la recherche peut être raffinée.
- L'outil effectue-t-il une recherche en surface ou en profondeur ? Plus une recherche est superficielle, plus les réponses semblent pertinentes mais en revanche plus elle comporte de silence (information pertinente non repérée). À l'inverse, plus une recherche est faite en profondeur, plus le nombre de réponses sera élevé mais plus elle comporte du bruit (information non pertinente repérée).
- L'outil fournit-il des réponses pertinentes ? Il peut être impressionnant de recevoir 200 réponses à une question mais non pas si 150 d'entre elles ne sont pas souhaitables.
- L'outil permet-il de repérer tous les types de fichiers, incluant le son et l'image ?
- L'outil présente-t-il les réponses d'une manière qui permette d'en évaluer la pertinence ? Des hyperliens sans description, en guise de réponses, vous obligent à vérifier chacun des liens.
- L'outil a-t-il une interface souple et facile d'utilisation ? Une interface trop compliquée présente moins d'attrait, mais une interface trop simple ne vous permet pas de raffiner les recherches.

---

4. Voir Bibliographie et références, section « Évaluation d'outils ».

Dans le contexte de l'Internet, la rapidité est à considérer mais sous toute réserve, puisqu'elle dépend de plusieurs facteurs indépendants de la performance de l'outil, tels la densité de circulation sur le réseau, le degré de sollicitation du serveur et la capacité du serveur sur lequel la banque de données est installée. Un très bon outil abondamment sollicité peut être plus lent qu'un outil quelconque et peu consulté.

DEUXIÈME PARTIE

FICHES DE SYSTÈMES D'AIDE
À LA RECHERCHE

Préambule

Les fiches descriptives des systèmes d'aide à la recherche ont été rédigées en fonction de leurs particularités. Le but premier était de normaliser le plus possible le contenu de chaque fiche. Toutefois, les systèmes d'aide à la recherche comportant des différences (fonctionnement, complexité ou simplicité), la fiche a dû être adaptée à chaque système d'aide. Ainsi, le nombre de champs d'information peut varier d'une fiche à l'autre.

Il est important de mentionner que les fiches ne sont pas destinées à évaluer les systèmes d'aide à la recherche, mais plutôt à les décrire. De nombreux articles et documents visent précisément à comparer et à évaluer ces systèmes, comme en témoignent la bibliographie et les références à la fin de l'ouvrage. En effet, cette seconde partie du guide veut aider les explorateurs de l'Internet à faire une meilleure utilisation des outils disponibles. L'utilisateur saura juger par lui-même de l'efficacité et de l'utilité des outils en fonction de ses besoins d'information.

Nous avons tenté de décrire le plus minutieusement possible chaque système d'aide à la recherche afin d'en favoriser la compréhension. La documentation offerte par certains producteurs d'outils a été étudiée et constitue notre première source d'information. À défaut de celle-ci, nous nous sommes inspirées de notre expérience et de notre connaissance des outils. Des compléments d'information (textes, articles, rapports, évaluations) ont également été consultés. Par ailleurs, pour chaque fiche nous avons choisi de présenter le logo du système s'il existe.

Voici les rubriques et les champs d'une fiche complète :

INFORMATIONS GÉNÉRALES

- Nom du système d'aide à la recherche
- URL (adresse, localisation)
- Producteur et coordonnées
- Type de système d'aide à la recherche. (À la page 33 de cet ouvrage, nous faisons mention de quelques types de systèmes d'aide à la recherche. Il en existe davantage de jour en jour. Plusieurs typologies ont été proposées, mais aucune ne les englobe toutes.)
- Environnement
- Mise à jour des données (dans le cas où le producteur en fait mention).

CARACTÉRISTIQUES DE RECHERCHE

- Informations trouvables (le type d'informations que l'utilisateur peut s'attendre à trouver à l'aide du système d'aide à la recherche. ATTENTION : les différents tests effectués sur chaque système d'aide à la recherche nous ont permis de constater que tel ou tel type d'information pouvait être récupérée par le truchement d'un système d'aide à la recherche précis. Toutefois, il est possible, voire même probable, qu'un type d'information puisse être retracée sans qu'il en soit fait mention ici).
- Paramètres de recherche (les possibilités d'utiliser des opérateurs booléens, de proximité ou d'adjacence. Le système d'aide à la recherche est-il sensible aux majuscules ? La troncature est-elle possible ? Lorsque de telles possibilités existent, nous avons simplement indiqué de quelle façon elles se traduisent. Par exemple, si l'opérateur ET peut être utilisé et que l'utilisateur doit l'écrire entre ses termes de recherche, nous avons inscrit AND. Si le système d'aide à la recherche tient pour acquis que tous les mots inscrits seront automatiquement liés par le ET, nous indiquons AND implicite).
- Formulaire de recherche

RÉSULTATS DE LA RECHERCHE

- Nombre de réponses
- Format de réponses (À cet endroit, nous avons inclus des exemples de résultats de recherche.)

OBSERVATIONS

- Tout autre élément utile (Par exemple, sont mentionnées sous cette rubrique les difficultés rencontrées lors de l'utilisation du système d'aide à la recherche considéré.)

Fiches

 Welcome to ALIWEB

Informations générales

Nom : ALIWEB

URL : http ://web.nexor.co.uk/public/aliweb/search/doc/form.html

Producteur et coordonnées : NEXOR, PO Box 132 – Nottingham, NG7 2UU, UK
webmaster@nexor.co.uk

Environnement : WWW

Description : système intégré de repérage des ressources

Mise à jour des données : quotidienne

Caractéristiques de recherche

Informations trouvables : organisations, informations sur un site, documents, services, personnes, tout ce qui précède.

Possibilité de restreindre la recherche aux champs suivants : titres, descriptions, mots clés, URL.

Paramètres de recherche
  Opérateurs booléens : OU implicite ; calcul de pertinence.
  Proximité-adjacence : non
  Sensibilité aux majuscules : oui
  Troncature : implicite à gauche et à droite, sur demande option *substring*.
  Pour des mots entiers, sans troncature, option *wholeword*.

Dans les paramètres de recherche, Aliweb permet de choisir les options suivantes : chaîne de caractères, mot complet, expression.

Résultats de la recherche

Nombre de réponses : permet de limiter au nombre désiré les réponses obtenues

Format des réponses : l'utilisateur peut choisir ce qu'il veut voir apparaître lors de l'affichage des résultats, à savoir : titre, description, mots clés, URL, autres (gestionnaire du site, etc.).

 Search Results for 'books'

[40] Books
Apollo, 'The Search Engine for Adverts', will help you locate books and videos both on and off the Web. The database can be searched by category, by location and by keywords. Finding information is easy and enjoyable. Simply specify what you want, where you want it, and let the database find it fast!
Keywords: books, videos, library, magazines, newspapers
URI: http://apollo.co.uk/rob/books.html

Template-Type: DOCUMENT
Title: Books

Observations

Documentation : mince mais précise

- Le fait qu'Aliweb ne semble pas tenir compte des opérateurs limite souvent la recherche. Par exemple, l'utilisateur souhaitant chercher deux mots (livres d'affaires, business books) n'obtiendra de résultats que pour le premier mot.
- Possibilité d'inscrire son site.

ALL-IN-ONE
Search Page

This page is a compilation of various forms-based search tools found on the Internet. They have been combined here to form a consistent interface and convenient ALL-IN-ONE search point.

Informations générales

Nom : ALL IN ONE INTERNET SEARCH

URL : http ://www.albany.net/allinone/

Producteur et coordonnées : William Cross
wcross@albany.net

Description : catalogue multimoteurs de recherche

Environnement : Internet (WWW, Gopher, etc.)

Caractéristiques de recherche

Informations trouvables : les outils disponibles sur ce site sont catégorisés selon le type d'information que l'on peut y trouver : « Documents Web, ressources générales ou spécialisées, logiciels, personnes, actualités météorologiques, publications littéraires, rapports techniques, documentation, *bureau de référence* et autres intérêts de recherche par services ».

World Wide Web

Aliweb Archie-like Indexing for the Web

| Search | | 100 ± hits |

Alta Vista Web Search Digital's new search engine (Choose query type: Simple or Advanced)

| Search | | Simple Query ± |

Informations générales

Nom : ALTA VISTA

URL : http ://www.altavista.digital.com/

Producteur et coordonnées : Digital Equipment Corporation
suggestions.altavista@pa.dec.com

Description : robot

Environnement : WWW

Mise à jour des données : constante

Caractéristiques de recherche

Informations trouvables : sites et pages WEB, Usenet

Possibilité de restreindre la recherche aux champs suivants : *pour WWW :* title, url, host, link. La délimitation par champs doit faire partie de la question adressée au moteur de recherche. Exemple : *title : « Costa Rica ».*

Pour Usenet : from, subject, newsgroups, summary, keywords

Paramètres de recherche
    Opérateurs booléens :
    <u>Simple Query</u> où AND est représenté par le symbole + ; NOT, par le symbole − ; OR, lorsque rien n'est indiqué entre les mots. Exemple : *american college* cherchera soit le mot *american*, soit le mot *college*. Calcul de pertinence.
    <u>Advanced Query</u> : AND, AND NOT, OR
    Proximité-adjacence : " ", NEAR
    Sensibilité aux majuscules : non, pour les mots en minuscule ; oui, pour les mots en majuscule
    Troncature : à gauche avec *

Interface de recherche:

Search │the Web │⬍│ and Display the Results │in Standard Form │⬍│

│"chili con carne"   │ **Submit**

To find a vacation spot: kayak sailing "San Juan Islands"

Word count: chili con carne: about 200

Documents 1-10 of 183 matching some of the query terms, best matches first.

Résultats de la recherche

Nombre de réponses: ne permet pas de limiter les résultats à un nombre précis, mais présente les résultats par tranches de 10 documents.

Format des réponses: Alta Vista nous offre trois choix d'affichage de résultats, à savoir compact, standard et détaillé.

Le chili con carne

Le chili con carne. Ingrédients. pour 20 personnes. 2 kg de haricots rouges. 12 grosses boîtes de tomates concassées. 2,5 kg de viande hachée. oignons, ail. 8 sachets de poudre de chili. Recette. Faire cuire les haricots - faire revenir les oignons et...
http://www.ensta.fr/~babafou/cuisine/chili.html - *size 902 bytes - 9 Jan 95*

Observations

Documentation: bien étoffée.

- Donne accès à 8 billions de mots trouvés dans plus de 16 millions de pages WWW.
- Deux types de recherches sont disponibles: Simple Query, Advanced Query. Les possibilités de recherche diffèrent selon le type choisi. Cette fiche présente les caractéristiques générales de l'outil (deux types de recherche confondus), sauf dans le cas des opérateurs booléens.
- Possibilité d'inscrire de nouveaux URL.

Informations générales

Nom : APOLLO

URL : http ://apollo.co.uk/

Producteur et coordonnées : Apollo Advertising (apollo@apollo.co.uk)

Description : index d'annonces publicitaires et d'annonces classées, organisé par zones géographiques (2-4 niveaux) et par domaines d'intérêt (3 niveaux) ; outil de recherche dans l'index.

Environnement : WWW, newsgroups

Mise à jour des données : non disponible

Caractéristiques de recherche

Informations trouvables : compagnies qui font de la publicité pour leurs produits sur l'Internet, annonces classées.

Zones indexées : nom de la compagnie, emplacement géographique, texte de la publicité.

Possibilité de faire une recherche par : zone géographique, domaine d'intérêt, mot clé, ou les trois simultanément.

Paramètres de recherche
    Opérateurs booléens : OR, AND
    Proximité-adjacence : non
    Sensibilité aux majuscules : non
    Troncature : non

Observations

- Comprend une liste de groupes de discussion sur la publicité et les annonces classées, par pays et domaines d'intérêt.
- Comprend une liste de nouveautés par pays ; pour l'obtenir, il suffit d'activer le bouton « *search* » sans indiquer de paramètres de recherche.
- Possède un antidictionnaire.
- Possibilité d'inscrire un site dans l'index.
- Vend de l'espace publicitaire, et offre des services de création et d'hébergement de pages web.

Interface de recherche :

Category   Location

Category	Location
Tourist Info (34)	Windsor (3)
INTERNET (152)	PRINCE EDWARD ISLAND (5)
Access Providers (23)	Charlottetown (2)
Consultants (26)	
General (32)	QUEBEC (147)
Resources (18)	Montreal (77)
Web Page Providers (53)	Quebec.PQ (10)
	Rock Forest (0)
JOBS (25)	Sherbrooke (11)
Agencies (8)	Victoriaville (2)
Classifieds (12)	

Keywords

◉ All ○ Any

[Search] [Refresh]

Résultats de la recherche

Format des réponses :

Search Results

DEZINES
Montreal
Home page authoring services to suit any budget and type of company. Free estimate! - fill out the form on our site.

XBR COMMUNICATIONS INC.
Montreal
Internet Consulting and WWW pages development, Multimedia CD-ROM development. Macintosh, ISDN (Planet-ISDN, EasyTransfer, The Link), BBS (hi-BBS), Survey (QuickPoll) software marketing. Conseils sur l'Internet et developpement de sites WWW.

Web Page Designer, Les Creation OTIUM

Archie Services

Informations générales

Nom : ARCHIE

URL : http ://www.cs.mcgill.ca/cgi-bin/archieplex.pl/server=archie.cs.mcgill.ca

Producteur et coordonnées : Bunyip Information Systems
archie-group@bunnip.com

Description : index de sites FTP

Environnement : FTP

Mise à jour des données : information non disponible

Caractéristiques de recherche

Informations trouvables : fichiers dans sites FTP

Fiches

Résultats de la recherche

Format des réponses :

ArchiePlex Results

Results for query 'snagit' on 'archie.cs.mcgill.ca':

Host hubcap.clemson.edu

In Directory /pub/pc_shareware/windows/Graphics
File snagit.zip 45818 Aug 18 1994

Observations

- Archie repère des fichiers récupérables sur des sites FTP anonymes. L'utilisateur qui recherche un logiciel, un utilitaire, un programme ou un autre type de fichiers peut avoir recours à cet outil qui le guidera vers les sites pertinents.
- Outil à l'origine créé à l'Université McGill.

The Premier Internet Research Library

What's New | Clearinghouse Information | Credits
Ratings System | Submit a Guide | Guide of the Month

Informations générales

Nom : CLEARINGHOUSE FOR SUBJECT-ORIENTED INTERNET RESOURCE GUIDES

URL : http ://www.lib.umich.edu/chhome.html

Producteur et coordonnées : University of Michigan, Argus Associates
Libhomepage@umich.eduinfo@argus-inc.com

Description : index de guides thématiques Internet.
Le but de ce site est d'ouvrir un accès à l'information sur Internet en rassemblant dans une même liste l'ensemble des guides thématiques Internet. En effet, plusieurs individus ou organisations, passionnés par un thème, ont exploré le réseau et ont rassemblé l'ensemble des ressources traitant de ce thème. L'université du Michigan sollicite tous les collaborateurs de ces guides.

Environnement : WWW

Caractéristiques de recherche

Informations trouvables : guides thématiques Internet

Interface de recherche :

- Arts & Entertainment
- Business & Employment
- Education
- Engineering & Technology
- Environment
- Government & Law
- Health & Medicine
- Humanities
- News & Publishing
- Regional Information
- Science
- Social Sciences & Social Issues

Observations

- La collection de guides thématiques sur Internet comporte maintenant 400 thèmes. Ils peuvent être recherchés par mots clés. L'ensemble de la collection est structurée par sujets (voir format dans Caractéristiques de recherche).
- Ce site compte parmi le « Netguides' Top 50 Web Sites », ainsi que « Point Survey's Top 5 % Internet Sites ».
- Il s'agit d'un excellent point de départ pour une recherche d'information, car l'utilisateur est à même d'évaluer tout de suite l'étendue des ressources disponibles sur un thème. L'institution se réserve le droit d'accepter ou de refuser les guides soumis. Les documents reçus sont rigoureusement évalués et ne sont insérés dans la collection que s'ils correspondent à la politique de développement du site en cette matière. Il est important de vérifier la date de création de chaque guide.

Informations générales

Nom : COMMERCIAL SITES INDEX

URL : http ://www.directory.net/

Producteur et coordonnées : Open Market Inc., 245 First Street
Cambridge, MA 02142
Tél. : (617) 621-9500
Fax : (617) 621-1703
editors@directory.net

Description : répertoire commercial

Environnement : WWW

Mise à jour des données : quotidienne

Caractéristiques de recherche

Informations trouvables : produits et services commerciaux, entreprises, organismes.

Paramètres de recherche
        Opérateurs booléens : AND, OR
        Proximité-adjacence : possibilité d'indiquer une chaîne de caractères
        Sensibilité aux majuscules : non
        Troncature : implicite à gauche et à droite

Résultats de la recherche

Nombre de réponses : N/A

Format des réponses : très succinct

> Your search for **reynolds AND company** found one item:
>
> * Reynolds Metals Company [A]
>   **Keywords**: aluminum can recycling foil consumer

Observations

Documentation : très simple, représentative de la simplicité de l'outil

- Base de données contenant approximativement 20 600 entrées
- Possibilité de s'inscrire au répertoire.

W3 Catalog

Informations générales

Nom : CUI W3 CATALOG

URL : http ://cuiwww.unige.ch/w3catalog
http ://www.winc.com/W3catalog.html (site miroir)
8 autres sites miroirs

Producteur et coordonnées : Centre Universitaire d'Informatique (CUI), université de Genève, Suisse (scg@iam.unibe.ch)/Software Composition Group

Description : index créé par l'indexation automatique de 8 sites WWW très populaires

Environnement : WWW

Mise à jour des données : les sites indexés sont revisités quotidiennement

Caractéristiques de recherche

Informations trouvables : pages Web, autres outils de recherche

Zones indexées : titre, texte intégral

Paramètres de recherche
Opérateurs booléens : non
– possibilité de recherche avec des expressions de recherche de type PERL, expressions et mots clés.
Proximité-adjacence : implicite (deux mots voisins sont considérés comme une expression).
Sensibilité aux majuscules : non
Troncature : implicite, à gauche et à droite. Donc, l'outil recherche plutôt des chaînes de caractères (qui peuvent se retrouver même à l'intérieur d'un mot) que des mots entiers.

Interface de recherche :

Please enter a search word/pattern or provide a Perl regular expression:

| Submit | led zeppelin |

NB: Searches are case-insensitive.

Résultats de la recherche

Format des réponses :

Result of search for "led zeppelin":

:

Led Zeppelin
Thomas Noel, Paris, France
Good stuff about Led Zeppelin, lyrics, images and more.
http://www.int-evry.fr/~noel/ledzep/ (nwn)

Observations

Documentation : instructions d'utilisation du catalogue sur la page d'accueil, plus un document contenant des explications supplémentaires à propos de ce site

- Ensemble de logiciels servant à créer son propre site miroir, disponible gratuitement sur un site FTP.
- En nomination pour le prix *Best of the Web*
- En reconstruction
- Possibilité d'inscrire son site miroir, mais pas de sites WWW.

CUSI Services

Informations générales

Nom : CUSI

URL : http ://pubweb.nexor.co.uk/public/cusi/doc/list.html

Producteur et coordonnées : NEXOR, PO Box 132 – Nottingham, NG7 2UU, UK
webmaster@NEXOR.CO.UK

Description : catalogue multimoteurs de recherche. Produit par Nexor, CUSI est un site regroupant différents outils de recherche. Un formulaire de recherche invite à inscrire des mots clés et à choisir le système d'aide à la recherche désiré.

Environnement : WWW

Mise à jour des données : selon chaque outil

Caractéristiques de recherche

Informations trouvables : selon chaque outil (se reporter à la liste sous la rubrique Observations).

Interface de recherche :

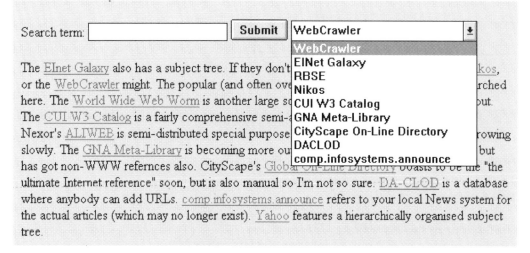

Search term: [_____] [**Submit**] [WebCrawler ▼]

WebCrawler
ElNet Galaxy
RBSE
Nikos
CUI W3 Catalog
GNA Meta-Library
CityScape On-Line Directory
DACLOD
comp.infosystems.announce

The ElNet Galaxy also has a subject tree. If they don't [...] kos, or the WebCrawler might. The popular (and often ove[...] rched here. The World Wide Web Worm is another large s[...] ut. The CUI W3 Catalog is a fairly comprehensive semi-[...] Nexor's ALIWEB is semi-distributed special purpose [...] owing slowly. The GNA Meta-Library is becoming more ou[...] but has got non-WWW refernces also. CityScape's Global On-Line Directory boasts to be the "the ultimate Internet reference" soon, but is also manual so I'm not so sure. DA-CLOD is a database where anybody can add URLs. comp.infosystems.announce refers to your local News system for the actual articles (which may no longer exist). Yahoo features a hierarchically organised subject tree.

Format des réponses : selon chaque outil

Observations

- WWW Indices : CUI W3 Catalog, Aliweb, Yahoo, GNA Meta Library, Global On-line Directory, DA-CLOD
- Robots : Lycos, WebCrawler, Harvest, Einet Galaxy, Infoseek, Jumpstation, RBSE, OpenText.
- Software : ArchiePlex, Archie, Language list…
- People
- Document
- Dictionaries

- Un avantage : l'utilisateur peut relancer une requête en utilisant différents outils sans changer de site.

- Un désavantage : n'offre pas les fonctions de recherche avancées de chaque outil.

Informations générales

Nom : DEJANEWS

URL : http ://www..dejanews.com/

Producteur et coordonnées : Video On Line (VOL)
comment@dejanews.com

Description : index d'archives Usenet

Environnement : Usenet (Newsgroups, Listservs)

Mise à jour des données : tous les deux jours

Caractéristiques de recherche

Informations trouvables : contenus des messages issus des Newsgroups (Usenet) et des Listserv

Possibilité de restreindre la recherche aux champs suivants : auteur(s) du message (~a), groupe de discussion (~g), sujet (~s), date de création (~dc), ou une combinaison de ces champs. Par défaut, la recherche s'effectue dans le texte même des messages.

Paramètres de recherche
Opérateurs booléens : AND (&), OR (I), NOT (&!)
Proximité-adjacence : <mot1> ^<distance><mot2>
Pour trouver une expression de recherche : "<mot1> <mot2>"
Sensibilité aux majuscules : non
Troncature : à droite avec *

Interface de recherche :

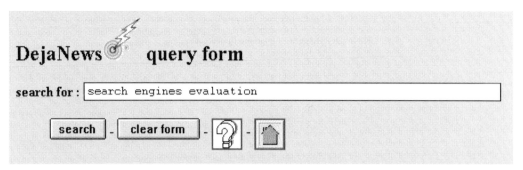

DejaNews **query form**

search for : `search engines evaluation`

[search] - [clear form] - [?] - [🏠]

Résultats de la recherche

Nombre de réponses : possibilité de limiter un nombre maximum de réponses (30, 60 ou 120)

Format des réponses : l'utilisateur peut choisir le classement (résultat, groupe, date, auteur) des réponses obtenues. Il peut également choisir les formats « Terse » (succinct) ou « Verbose » (détaillé) pour l'affichage de ses résultats de recherche. L'impression ci-jointe a été obtenue en choisissant le format « Verbose ».

Results of query: search engines evaluation

```
5. Subject  : WWW> Comparing Search Engines #1/1
   Score    : 041
   Date     : 1995/12/06
   Newsgroup: comp.internet.net-happenings
   Author   : Gleason Sackman <sackman@plains.nodak.edu>

6. Subject  : Re: WWW Hit Statistics - How Much is How Much??? #1/1
   Score    : 035
   Date     : 1995/11/27
   Newsgroup: comp.infosystems.www.misc
   Author   : dbrandt@crl.com (Daniel L. Brandt)
```

Observations

Documentation : suffisante et claire

- Outil d'une grande utilité, notamment pour chercher les spécialistes d'un domaine
- Couvre tous les types de Newsgroups ou Listserv (de très scientifiques à très divertissants).
- Très intéressant pour trouver des renseignements non accessibles par le truchement des outils plus traditionnels. En effet, l'information échangée sur les groupes de discussion équivaut parfois à une conversation téléphonique (informelle).

Informations générales

Nom : EINET GALAXY

URL : http ://www.einet.net/galaxy.html

Producteur et coordonnées : Tradewave Corporation
3636 Executive Center Drive, Austin, TX 78731
Tél. : (512)-433-5300
galaxy@tradewave.com

Description : guide d'information et de services

Environnement : WWW

Mise à jour des données : l'outil n'en fait pas mention mais le « What's New » inclut les données de la semaine en cours.

Caractéristiques de recherche

Informations trouvables : Internet (Web, Gopher, etc.)

Possibilité de restreindre la recherche aux champs suivants : pages Galaxy (pages Web indexées dans Galaxy), entrées Galaxy (titres), Gopher, Hytelnet (bases de données hypertext Telnet), World Wide Web Text (texte intégral des pages Web), hyperliens (liens inclus dans les pages du Web)

Paramètres de recherche
    Opérateurs booléens : OR (par défaut), AND
    Sensibilité aux majuscules : non

Résultats de la recherche

Nombre de réponses : Galaxy ne nous donne pas le choix du nombre de réponses.

Format des réponses : Galaxy nous offre le choix de « Long output, medium output, short output ». Les résultats détaillés (*long output*) sont très utiles pour juger de la pertinence des réponses obtenues. Les résultats succincts (*short output*) consistent uniquement dans des liens vers les ressources trouvées.

Exemple de résultats succincts (short output) :

Galaxy Pages - for ``liquid and mirrors." *3 documents found.*

- Other Products and Services Directories (General Products and Services) - *Score: 1000 Size: 36021*
- Astronomy (Science) - *Score: 459 Size: 18761*
- Publishing (General Products and Services) - *Score: 459 Size: 13399*

Exemple de résultats détaillés (long output) :

World Wide Web Documents - for ``liquid and mirrors." *11 documents found.*

1. Liquid Mirror at Universiti Laval - *Score: 1000 - Size: 15401*

Liquid Mirror LM technology is being developed at Universit eacute Laval. A f 1.2 2.5 meter diameter mercury mirror is being extensively tested in our testing tower. We are also exploring the use of gallium eutectics as reflecting liquids. The design of novel optical correctors to increase the accessible field of view of liquid mirrors up to 45 degrees is also adressed. cliquez ici pour la version...

Observations

Documentation : le système d'aide à la recherche est très bien documenté et agrémenté d'exemples pertinents.

- Les ressources indexées dans Galaxy sont organisées selon une liste par sujets. Quiconque souhaite naviguer sans chercher quelque chose de très précis ou, tout simplement, découvrir de nouvelles ressources peut préférer l'utilisation de cette liste.
- Possibilité d'inscrire son site.

Informations générales

Nom : EXCITE

URL : http ://www.excite.com/

Producteur et coordonnées : Architext Software (info@atext.com)

Description :
- robot de recherche de l'information.
- l'information ramassée par le module collecteur est organisée sous forme d'index hiérarchique par sujet, selon 4 niveaux.
- l'outil d'indexation et de recherche s'appelle *Architext*.
- l'index s'appelle *Excite*.

Environnement : WWW, Gopher, Telnet, Usenet

Mise à jour des données : non disponible

Caractéristiques de recherche

Informations trouvables : pages et sites Web, listes et groupes de discussion, revues critiques de sites Web et de groupes de discussion, babillards, freenets, logiciels, fichiers d'images et de son, guides de l'Internet, personnes, sites IRC (*Internet Relay Chat*), bandes dessinées, sites MUD (multi-user dungeons), articles de périodiques, sites commerciaux, annonces classées.

Paramètres de recherche
   Opérateurs booléens :   – OU implicite ;
   – calcul de pertinence basé sur la fréquence du (des) mot(s) recherché(s) dans le document ; un document qui contient tous les mots clés aura une meilleure cote de pertinence que les documents qui contiennent l'un ou l'autre des mots ;
   – pour obtenir des documents qui contiennent beaucoup d'occurrences du mot recherché, répéter plusieurs fois le mot dans la requête de recherche.
   La recherche se fait dans l'une des catégories suivantes : documents Web ; revues critiques de sites Web ; groupes de discussion ; annonces classées.
   Proximité-adjacence : non
   Sensibilité aux majuscules : non
   Troncature : implicite, à droite

Interface de recherche :

Enter words describing a ○ concept or ◉ keywords so **excite** can find information for you:

san marino		✗ **Search**

- ◉ **Web Documents:** Search the largest web database, more than 1.5 million pages.
- ○ **Reviews:** Search our database of over 50,000 web site reviews.
- ○ **Usenet:** Search more than 1 million articles from 10,000 newsgroups.
- ○ **Classifieds:** Search Usenet classified advertisements from the past two weeks.

Résultats de la recherche

Nombre de réponses : – illimité ;
– affichage de 10 documents par page de réponse (20 pour les recherches dans les groupes de discussion) ;
– possibilité d'obtenir plus de documents semblables à chacun des documents affichés ;
– possibilité de raffiner la recherche, en rajoutant des termes. Cependant, la nouvelle recherche sera exécutée sur l'ensemble de la base de données plutôt que sur les documents retracés lors de la première recherche.

Format des réponses :

☒ - higher confidence, ☒ - lower confidence; click icons to find similar documents

☒ 85% City.Net San Marino
   Summary: Excite || Home || Contents || Regions || Countries || Index || Search San Marino Country Information. Copyright 1994-1995, Architext Software, All Rights Reserved.
☒ 85% San Marino
   Summary: I did not find much information about San Marino Some pointers are:. Or from the Rimini-San Marino region Joop
☒ 84% Travel Notes with Flavio Olivero
   Summary: Thanks to the protection of the Pope and the Duke of Urbino, San Marino expanded its territories and became independent in 1462. kms) inside the Italian territory, lying between the borders of the Italian regions of Emilia-Romagna and Marcho.
☒ 83% Windows On Italy - the Country: San Marino
   Summary: San Marino maintains diplomatic and consular relations with a number of

Observations

- Recherche par concepts ou par mots clés
- Comprend les sections suivantes : *Net Search* (affiche le formulaire de recherche) ; *Net Directory* (affiche l'index par sujet et le formulaire de recherche) ; *News* (les nouvelles) ; *Cartoon* ; *Columns* (l'éditorial du site).
- L'affichage des nombreuses réclames commerciales ralentit la recherche.
- Possibilité d'inscrire un nouveau site dans l'index.
- Plusieurs pages d'aide et de FAQ ; explications détaillées.

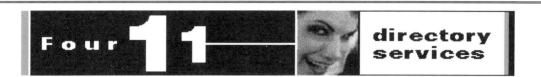

Informations générales

Nom : FOUR 11 DIRECTORY SERVICE

URL : http ://www.Four11.com/

Producteur et coordonnées : Four 11 Corp.
comments@Four11.com

Description : Robot – répertoire d'adresses électroniques

Environnement : WWW

Caractéristiques de recherche

Informations trouvables : adresses électroniques, pages Web d'individus figurant dans le répertoire.

Interface de recherche :

SEARCH (use limited by our Acceptable Use Policy)

First Name: Claude

Last Name: Dansereau   SEARCH   Clear

Domain: (e.g. netscape.com)

Résultats de la recherche

Format des réponses :

```
PERSONAL WEB PAGE
```

Claude Dansereau
Montreal, Quebec, Canada

Current E-Mail Addresses
claude@infogcs.login.net

Group Connections
Current Organization: **Info-Gestion Librairie-Conseil Inc.**

Observations

- Four 11 contient plus de 4,6 millions d'adresses, il est considéré comme le plus vaste répertoire de pages blanches Internet.
- L'utilisateur peut ajouter ses coordonnées au répertoire (nom, prénom, adresse électronique, institution d'attache, page Web).
- Parmi tous les moteurs cherchant des personnes sur l'Internet, Four 11 nous semble l'un des plus efficaces.
- L'avantage de Four 11 est que l'utilisateur n'a pas nécessairement besoin de connaître le domaine (p. ex. : netscape.com) auquel est associé un individu recherché.

Informations générales

Nom : FRANCITÉ

URL : http ://www.i3d.qc.ca/

Producteur et coordonnées : i3d Internet communication (michel@i3d.qc.ca)

Description : index de sites francophones, par sujets ; outil de recherche dans l'index.

Environnement : WWW, FTP, Gopher, Telnet (jusqu'à maintenant, l'index contient uniquement des adresses WWW)

Mise à jour des données : non disponible

Caractéristiques de recherche

Informations trouvables : sites Web de langue française, personnes dans la francophonie, autres outils de recherche.

Zones indexées : titre de la page, URL, description du site, pays, province, ville, nom et adresse électronique de l'administrateur du site. Cependant, ces informations ne sont pas disponibles pour *toutes* les entrées dans l'index.

Paramètres de recherche
    Opérateurs booléens : OU, ET
    Proximité-adjacence : non
    Sensibilité aux majuscules : non
    Troncature : implicite, à gauche et à droite.

Interface de recherche :

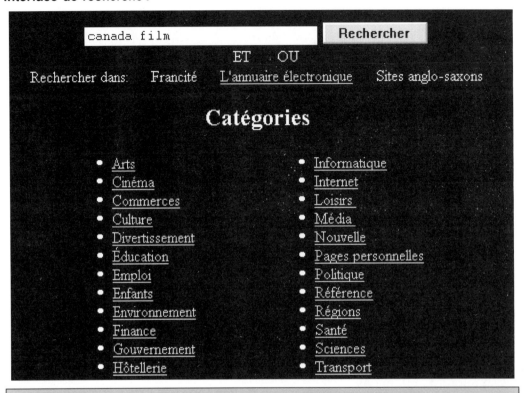

Résultats de la recherche

Format des réponses :

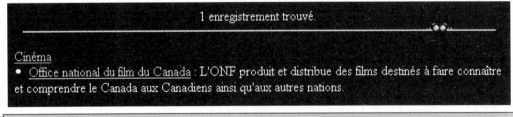

Observations

- Outre la présentation par sujets, *Francité* donne accès à une interface de recherche dans son index par pays et villes, ainsi qu'à un annuaire électronique des sites francophones.
- Possibilité d'inscrire un nouveau site dans l'index

☆ **New Sites**   ☆ **About WIC Select**   ☆ **All Subjects**

☆ **Top 50**   ☆ **Submit a New Site** ☆ **All Entries**

Informations générales

Nom : GLOBAL NETWORK NAVIGATOR'S WHOLE INTERNET CATALOG (GNN's WIC)

URL : http ://gnn.com/wic/wics/index.html

Producteur et coordonnées : Global Network Navigator (GNN), wic@gnn.com
http ://neatnet.gnn.com/gnn/wic/wics/support/
comments.html

Description : sélection manuelle des meilleurs sites Internet ; classification par sujet selon trois niveaux hiérarchiques.

Environnement : WWW et liens vers des sites Gopher, Telnet, FTP, les groupes Usenet

Mise à jour des données : hebdomadaire

Caractéristiques de recherche

Informations trouvables : pages Web, groupes de discussion, outils de recherche sur Internet, réseaux, documents électroniques, logiciels, archives, etc.

Interfaces de recherche :

Fragment de la section « Business », 2e niveau hiérarchique

Subject Areas

Agriculture - Career & Employment - Government Information - Internet
Commerce - Labor & Labor Unions - Magazines - Management - Marketing -
Nonprofits - Real Estate - Small Business - Yellow Pages

This Week's Most Popular Business & Finance Sites

1. Directory of Computer and Communication Companies *(1103)*
2. America's Job Bank *(808)*
3. Index of Companies with Job Listings *(799)*
4. WWW Business Yellow Pages *(623)*
5. Commercial Sites Index *(456)*
6. International Job Search Page *(418)*
7. Online Career Center *(417)*
8. AT&T 800 Directory *(380)*

Observations

- Le catalogue WIC comprend actuellement plus de 1 200 sites.
- À part la collection de sites par sujets, GNN's WIC comprend aussi :
  - la liste des sites ajoutés au cours de la dernière semaine,
  - la liste des 50 ressources les plus populaires,
  - autres *hot-lists*, compilées par des gestionnaires de sites connus,
  - l'index alphabétique de tous les sujets couverts par le catalogue,
  - l'index alphabétique des sites cités dans le catalogue.
- Les liens vers les sites proposés sont accompagnés de résumés indicatifs.
- WIC est apparu d'abord sous forme imprimée, comme section de Ed Krol's *The Whole Internet Users Guide and Catalog*. Le 10 octobre 1993, le catalogue a été publié, sous forme WWW. Depuis, un nombre d'éditeurs se sont succédés.
- WIC a reçu plusieurs mentions *Best of the Web '94*.
- Possibilité de soumettre des sites à inclure dans le catalogue.

GℓOSS Glossary-of-Servers Server

Informations générales

Nom : GLOSS – GLOSSARY OF SERVERS SERVER

URL : http ://gloss.stanford.edu/

Producteur et coordonnées : Stanford University

Description : index de serveurs

Environnement : WWW

Mise à jour des données : régulière

Caractéristiques de recherche

Informations trouvables : site Web, bases de données, serveurs

Paramètres de recherche
   Opérateurs booléens : AND (par défaut)
   Proximité-adjacence : non
   Sensibilité aux majuscules : non
   Troncature : non

Interface de recherche :

Your query terms: `latin america tourism`

Expected correlation of your query terms: **High** ±

| **Reset To Default Values** | **Submit Query** |

Résultats de la recherche

Format des réponses : les résultats de recherche sont présentés sous forme de liens. Le nom de la ressource (par exemple, une base de données) est souligné ; l'utilisateur peut donc directement y accéder et vérifier si l'information disponible à cet endroit est pertinente ou non.

G𝓁OSS **Results**

The best candidate servers for your query:

`america AND latin AND tourism`

according to the ***Min*** estimator are:

1. Stanford Netnews Filtering Service
   Estimated Number of Useful Documents: 33.00
2. wais://neal.ctstateu.edu:210/innopac91
   Estimated Number of Useful Documents: 1.00

Informations générales

Nom : HARVEST

URL : http ://www.town.hall.org/Harvest/brokers/www-home-pages/query.html

Producteur et coordonnées : consortium des organismes suivants :
Harvest, Internet Research Task Force Research Group on Resource Discovery
(IRTF-RD), Advanced Research Projects Agency, Air Force Office of Scientific
Research, National Science Foundation, Hughes Aircraft Company under a NASA
EOSDIS project, Sun Microsystems' Collaborative Research Program, University of
Colorado's Office of the Vice Chancellor for Academic Affairs.
majordomo@cs.colorado.edu

Description : compilateur et courtier d'information

Environnement : Internet (Web, Gopher, etc.)

Caractéristiques de recherche

Informations trouvables : ressources Internet, pages Web

Possibilité de restreindre la recherche aux champs suivants : auteur(s), mot clé,
titre, URL

Paramètres de recherche
    Opérateurs booléens : AND, OR
    Proximité-adjacence : ADJ, représentée par les guillemets (p. ex. : « *Computer Science Department* »).
    Sensibilité aux majuscules : oui
    Troncature : oui, au moyen de l'astérisque (*)
    Divers : la recherche d'une expression régulière (trentaine de caractères) peut se révéler plus lente. Quelques choix sont disponibles pour préciser davantage la recherche d'une expression :
- ^joe will match "joe" at the beginning of a line.
- joe $ will match "joe" at the end of a line.
- [a-ho-z] matches any character between a and h or between o and z.
- . matches any single character except newline.
- c* matches zero or more occurrences of the character "c".
- .* matches any number of wild cards.
- * matches the character "*" (\ escapes any of the above special characters).

Résultats de la recherche

Nombre de réponses : les choix, sous forme de menu déroulant, sont : 5, 10, 25, 50, 75 et 100.

Format des réponses :

```
20. http URL: http://www.latinworld.com/culture/
    host: www.latinworld.com
    path: /culture/
    Description: Latin America on the Net - Culture
    WAIS Results: Score: 429, length: 27238

21. http URL: http://merica.cool.co.cr/
    host: merica.cool.co.cr
    path: /
    Description: Inter@merica Presents Costa Rica
    WAIS Results: Score: 391, length: 1943
```

Observations

Documentation : amplement documenté, ce système d'aide à la recherche peut parfois décourager certains utilisateurs. La formulation des équations de recherche va de très simple à très complexe. La deuxième option offre tout le matériel nécessaire pour formuler des questions de recherche élaborées.

- Possibilité d'inscrire son site.

infoseek®

Informations générales

Nom : INFOSEEK GUIDE (REMPLACE INFOSEEK SEARCH)

URL : http ://www.infoseek.com

Producteur et coordonnées : Infoseek Corporation
620 Augustine Drive, Suite 250
Santa Clara, CA 95054
+1 800 781 INFO or
+1 408 982 4450 (voice)/+1 408 986 1889 (FAX)
comments@infoseek.com.

Description : robot

Environnement : WWW

Caractéristiques de recherche

Informations trouvables : sites et pages Web, Usenet, News, périodiques, sites FTP, Gopher, etc.

Possibilité de restreindre la recherche aux champs suivants : All Web pages, Newsgroups, USENET FAQs, Reviewed pages, Topic.

Paramètres de recherche
    Opérateurs booléens : AND, OR, NOT
    Proximité-adjacence : oui, en mettant entre " " les termes recherchés.
    Sensibilité aux majuscules : aucune mention
    Troncature : non

Résultats de la recherche

Nombre de réponses : Infoseek ne permet pas de limiter les résultats à un nombre précis. Toutefois, les résultats sont présentés selon un calcul de pertinence par tranches de 20 références à la fois.

Format des réponses :

You searched for: **"Bob Geldof"**

Documents: 1 to 10 (of 34) in order of relevance

WEB Live Aid 1995
-- *http://www.oneworld.org/tvandradio/live_aid.html (Score: 72, Size: 8K)*
The material that follows has been provided by BBC Television . Live Aid 10th Anniversary . "It had to be the biggest show ever, I was aware of that. It was entertainment but it was for an almost Biblical Disaster. Maybe for the first time ...
(See also Similar Pages)

Observations

- Possibilité d'inscrire son site
- Ce système d'aide à la recherche offre à la fois des services de recherche accessibles à tous (sans frais) appelés « GUIDE » et des services dits « PROFESSIONAL ». Pour utiliser ces derniers, on doit débourser un montant proportionnel au nombre de requêtes. **La présente fiche concerne uniquement la section gratuite d'Infoseek, soit le « GUIDE ».** Les personnes intéressées à essayer le service « PROFESSIONAL » peuvent s'inscrire pour un essai gratuit valable pour quelques jours.
- Infoseek offre aussi un index par sujets :

  ► Arts & Entertainment ► Government & Politics ► Reference
  ► Business & Finance ► Health & Medicine ► Science & Technology
  ► Computers & Internet ► Living ► Sports
  ► Education ► News ► Travel & Leisure

- Infoseek a traité plus de un billion de requêtes en 1995.
- Considéré comme le « Most valuable Internet Tool of 1995 » par le magazine *PC Computing.*
- Évalué comme le « Most acurate and easiest to use Internet Search Service » parmi les 14 services testés et évalués par *PC Computing* en 1995.

Informations générales

Nom : INKTOMI

URL : http ://inktomi.berkeley.edu/

Producteur et coordonnées : Paul GAUTHIER et Eric BREWER, University of California at Berkeley (gauthier@cs.berkeley.edu ; brewer@cs.berkeley.edu)

Description : robot de recherche de l'information

Environnement : WWW

Mise à jour des données : non disponible

Caractéristiques de recherche

Informations trouvables : documents Web

Paramètres de recherche
    Opérateurs booléens : – OU implicite
                    – le signe + précédant un mot indique au moteur de recherche que ce mot *doit* se retrouver dans les documents repêchés (ET logique) ;
                    – le signe – précédant un mot indique que les documents *ne doivent pas* contenir ce mot (NON logique) ;
                    calcul de pertinence basé sur la présence et la fréquence des mots clés dans les documents.
    Proximité-adjacence : non
    Sensibilité aux majuscules : non
    Troncature : implicite, à gauche et à droite. En plus, l'outil de recherche élimine certains suffixes (*ing, ed*) et recherche par mots contenant la racine donnée.

Interface de recherche :

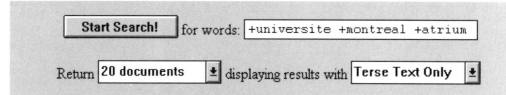

Résultats de la recherche

Nombre de réponses : au choix, 10, 20, 30, 50 ou 100 ; possibilité d'en afficher plus

Format des réponses :

9 documents satisfied your query: +universite (30479), +montreal (11332), +atrium (1759).

#01: 1000: Enformatexte, vol.13, no1 : Nos serveurs d'information : +universite(6) +montreal(3) +atrium(6)

#02: 419: Things to do and see in Montreal list : +universite(0) +montreal(7) +atrium(0)

#03: 316: Netlink: Library Catalogs sorted by Geography : +universite(2) +montreal(2) +atrium(0)

#04: 234: Accommodations-Montréal : +universite(0) +montreal(4) +atrium(0)

#05: 160: Statistiques du Serveur WWW. : +universite(2) +montreal(0) +atrium(0)

#06: 055: http://history.cc.ukans.edu:80/history/index.html 129.237.33.1 : +universite(0) +montreal(0) +atrium(0)

#07: 024: Virtual Medical Center - Martindale's Health Science Guide : +universite(0) +montreal(0) +atrium(0)

#08: 024: Virtual Medical Center - Martindale's Health Science Guide : +universite(0) +montreal(0) +atrium(0)

#09: 007: http://www.wam.umd.edu:80/~cyprus/guests.html 128.8.70.129 : +universite(0) +montreal(0) +atrium(0)

Observations

- Ne pas utiliser de chiffres ou de symboles dans la requête de recherche.
- Choix d'affichage : textuel (abrégé ou normal) et graphique
- Possède un antidictionnaire.
- Indexe 2,8 millions de documents.
- Possibilité d'inscrire un nouveau site dans l'index.
- Page d'explications d'utilisation de l'outil

Informations générales

Nom : THE INTERNET MALL

URL : http ://www.internet-mall.com/index.html

Producteur et coordonnées : Intuitive Systems
taylor@intuitive.com

Description : liste thématique de produits, services et entreprises. Centre commercial virtuel. Ce type de sites est utile aux entreprises soucieuses de surveiller la concurrence dans leur secteur, mais également aux étudiants à la recherche d'informations précises (produits ou compagnies).

Environnement : WWW

Caractéristiques de recherche

Informations trouvables : produits, services, entreprises

Observations

- Agréablement présenté, ce site permet d'effectuer des recherches dans sa base de données à l'aide d'un bordereau. La recherche est simple (mot clé) et le site semble exclure les moyens sophistiqués (opérateurs, majuscules ou autres). L'utilisateur peut également chercher par catégories de produits ou services :

Books, Music, Video and other media

Personal Gifts & Services

Computers, Technology and Gadgets

Business to Business Services

Clothes & Sporting Goods

Furniture and Household Goods

The Food Court drinks & sweets

The Garage: Automotive

- Chacune de ces catégories dirige le visiteur vers d'autres sous-catégories plus précises. Internet Mall est bien structuré et agréable à consulter. Il a d'ailleurs reçu différents honneurs de la communauté cybernaute :

- Autres centres commerciaux intéressants :
    – Branch Mall : http ://www.branch.com
    – Downtown Anywhere : http ://www.awa.com/index.html
    – eMall : http ://www.emall.com
    – Internet Plaza : http ://internet-plaza.net/
    – Shopping 2000 : http ://www.shopping2000.com/

the Internet Public Library

Informations générales

Nom : THE INTERNET PUBLIC LIBRARY

URL : http ://ipl.sils.umich.edu/ref/Search.html

Producteur et coordonnées : The Internet Public Library – University of Michigan
ipl@umich.edu

Description : répertoire de ressources destiné au grand public, accompagné d'un outil de recherche.

Environnement : WWW

Caractéristiques de recherche

Informations trouvables : essentiellement des documents (p. ex., World Factbook 1995), des articles, des rapports, des publications gouvernementales, des sites éducatifs et culturels, des index…

Possibilité de restreindre la recherche aux champs suivants : termes de recherche (issus du titre et des mots clés), auteur, lien, catégorie de sujets (Business, Education, Internet, Libraries, etc.)

Paramètres de recherche
Opérateurs booléens : par défaut, le AND est utilisé. Lorsqu'on entre plus de un mot, l'outil cherchera des documents contenant tous les termes demandés.
Proximité-adjacence : non
Sensibilité aux majuscules : non
Troncature : implicite à droite

Résultats de la recherche

Nombre de réponses : pas de possibilité de limitation

Format des réponses :

Query response

The query **business intelligence** got **1 results.** Return to the Search page.

Country Information - Alphabetical by Country

> Country information such as land mass, population, religions.
> **Author:** Central Intelligence Agency
> **Keywords:** Business, Economics, Country Information, World Fact Book

Observations

Documentation : très sommaire. L'outil étant peu développé, un court texte décrit la façon d'effectuer la recherche.

- Ce site est en développement. Les producteurs annoncent en page d'accueil que de nouvelles possibilités de recherche seront bientôt disponibles pour maximiser l'efficacité de l'outil.
- Rien n'indique le nombre de documents indexés dans cette base de données. Il semble restreint. Une recherche par le mot clé « Internet » et limitant à la catégorie « Internet » a trouvé 92 documents !

Informations générales

Nom : THE INTERNET SERVICES LIST

URL : http ://slacvx.slac.stanford.edu :80/misc/internet-services.html

Producteur et coordonnées : Scott YANOFF (yanoff@alpha2.csd.uwm.edu)

Description : index par sujets

Environnement : connexions WWW, Telnet, FTP, Gopher

Caractéristiques de recherche

Informations trouvables : articles, pages Web, logiciels, archives, réseaux
(p. ex. SchoolNet), fichiers de données numériques, sites MU (*multi-user*), bases de
données, ouvrages de référence, collections d'images, etc.

Format des réponses :

LITERATURE/BOOKS/LANGUAGES

Children's Literature Web Guide

☐ Children's Literature Web Guide

Dartmouth Library

Divine Comedy and reviews (connect dante). To read/find passages in the King James Bible, select file bible; in Shakespeare's plays, select file s plays; in Shakespeare's sonnets, select file s sonnets.

☐ Dartmouth Library

Fiction Therapy Group

Add on to fictional works in-progress.

☐ Fiction Therapy Group

Observations

- Possibilité d'inscrire son site

SEARCH	JOIN NOW
TODAY'S NEWS	ADD YOUR SITE
WEB REVIEWS	HELP & INFO
POPULAR SITES	HOT NEW SITES

Informations générales

Nom : LYCOS

URL : http ://www.lycos.com/

Producteur et coordonnées : Michael MAULDIN, de *Carnegie Mellon University – Center for Machine Translation*
Lycos, Inc. est une compagnie privée.
webmaster@lycos.com

Description : robot de recherche de l'information

Environnement : WWW, FTP, Gopher

Mise à jour des données : constante

Caractéristiques de recherche

Informations trouvables : pages Web, documents Gopher, logiciels, archives, information gouvernementale, fichiers d'images et de son.

Zones indexées : URL, titres, *headers* de plusieurs niveaux, 100 mots significatifs, les 20 premières lignes d'un texte, texte et URL des liens.

Paramètres de recherche

Opérateurs booléens : – AND, OR ;
- retrace également des documents qui contiennent au moins *n* (2-7) termes de recherche ;
- NOT ; le fait de poser devant un mot le signe - élimine une bonne partie des documents contenant le mot indésiré.

Proximité-adjacence : non ; cependant, Lycos assigne une meilleure cote de pertinence aux documents contenant des combinaisons de mots clés plus rapprochées de l'expression de recherche, telle qu'entrée par l'utilisateur.

Sensibilité aux majuscules : non

Troncature : implicite, à droite

AUTRES OPTIONS : les options *matches* ajustent le nombre de documents retournés ; l'option *strong match* retourne moins de documents que l'option *loose match*, quoique plus pertinents.

Interface de recherche :

Query : | pat metheny lyle mays | **Search**

Search Options : | match 3 terms ⬦ | strong match ⬦

Display Options : | 10 results per page ⬦ | standard results ⬦

Résultats de la recherche

Nombre de réponses : – 10, 20, 30, 40 ; possibilité de voir toutes les réponses ;
- affichage sommaire, standard ou détaillé

Format des réponses :

1) <u>ECM Records: Pat Metheny</u> [1.0000, 4 of 4 terms, adj 1.0]

Abstract: Pat Metheny Discography * First Circle **Pat Metheny** Group * Rejoicing **Pat Metheny** * Travels **Pat Metheny** Group * Offramp **Pat Metheny** Group * As Falls Wichita,So Falls Wichita Falls **Pat** Metheny/**Lyle Mays** * 80/81 **Pat Metheny** * American Garage **Pat Metheny** Group * New Chautauqua **Pat Metheny** * **Pat Metheny** Group **Pat Metheny** Group * Watercolors **Pat Metheny** * Passengers The Gary Burton Quartet/Eberhard Weber * Bright Size Life **Pat Metheny** * Dreams So Real Gary Burton Quintet *
http://www.ecmrecords.com/ecm/artists/535.html (2k)

---

2) <u>Lyle Mays</u> [0.9476, 4 of 4 terms, adj 1.0]

Outline: Lyle Mays Discography

Abstract: Although **Pat Metheny** doesn't play on the solo-recordings of **Lyle Mays, Lyle** is too important not to be mentioned. Without **Lyle Mays, Pat Metheny** wouldn't be **Pat Metheny**. **Lyle Mays** (1986) Street Dreams (1988) Fictionary (1992) Paul McCandless - Premonition (1992) with Steve Rodby, William Kennedy, Mark walker, Steve
http://www.cecam.fr/~lensink/metheny/lylemays.html (2k)

Observations

Documentation : excellents documents explicatifs et page FAQ

- Indexe plus de 10,75 millions d'URL (plus de 91 % de l'Internet), d'où l'excellent taux de rappel
    - collecte de documents « en largeur » ;
    - ne pas utiliser de chiffres ou le signe + dans la phrase de recherche ;
    - possède un antidictionnaire ;
    - Lycos affiche pour chaque document repéré sa taille en octets et le nombre de mots qu'il contient, ainsi que les 20 premières lignes et les 100 mots les plus significatifs, sélectionnés selon un algorythme de pertinence basé sur la fréquence des mots et leur position dans le document ;
    - contient une section de nouveaux sites, une page de revues critiques de sites Web, ainsi qu'une section de nouvelles ;
    - contient une section des 250 sites les plus populaires de l'Internet, choisis en fonction du nombre de liens dirigés vers eux ; ces sites sont organisés par sujets.
- Possibilité d'inscrire son site, de l'enlever de l'index ou de corriger son adresse.

Mesch

Informations générales

Nom : MESCH

URL : http ://www.ip.net/cgi-bin/mesch

Producteur et coordonnées : Internet Presence & Publishing Corporation
1700 World Trade Center
Norflok, Virginia 23510
Tél. : (804) 446-9060
Fax : (804) 446-9061

Description : liste de sites commerciaux, aide à la recherche permettant de trouver l'information contenue sur cinq serveurs commerciaux
• Internet Presence and Publishing
• Automatrix
• The Internet Plaza
• Oslonett Inc. The Oslonett Marketplace
• World Wide Access

Environnement : WWW

Caractéristiques de recherche

Informations trouvables : information commerciale (produits, services, entreprises)

WELCOME TO NETMALL!

Informations générales

Nom : NETMALL

URL : http ://www.netmall.com

Producteur et coordonnées : American Information Systems Inc
980 North Michigan Ave, Suite 875
Chicago, IL 60611
Tél. : (312) 255-8500
Fax : (312) 255-8501
Netmall@ais.net

Description : répertoire commercial

Environnement : WWW

Mise à jour des données : régulière, au fur et à mesure que les entreprises s'inscrivent.

Caractéristiques de recherche

Informations trouvables : entreprises, produits, services

Zones indexées : fiches complètes des entreprises inscrites

Paramètres de recherche
    Opérateurs booléens : AND, OR, NOT
    Proximité-adjacence : non
    Sensibilité aux majuscules : non
    Troncature : non

Résultats de la recherche

Nombre de réponses : ce système ne permet pas de limiter les réponses à un nombre précis.

Format des réponses :

- Astral Technologies - Great gifts for that little person you love, assorted stuffed animals in packages of 6, 12 or 24 different toys
- Blowaway Pepper Spray and Stun Guns - Put Power into your hands with Blowaway Pepper Spray and Stuns Guns. Blowaway Personal Security Products.
- Blowaway Pepper Spray and Stun Guns - Seller of stun guns and pepper spray for personal security.
- KM Enterprise Self Defense Products - KM Enterprises Self Defense Products We have a complete line of Pepper Sprays, Stun Guns, and much more. Our new Inter
- PROTECT, Inc. - PROTECT, Inc. produces self-protection workshops for women. We also sell pepper sprays. Visit our web page!

Observations

Documentation : aucune documentation sur la façon de faire la recherche. Compte tenu de la simplicité de l'interface de recherche, la documentation n'est pas nécessaire.

- Auparavant, cet outil s'appelait NETSEARCH.
- Il s'agit d'un répertoire d'entreprises, de produits et de services. Les compagnies qui souhaitent être inscrites dans ce répertoire remplissent un formulaire et fournissent un court texte décrivant leurs activités. Les mots utilisés dans ce texte sont automatiquement indexés, et lorsqu'un utilisateur effectue une recherche dans NETMALL, ce sont ces mots qui sont recherchés. La qualité des termes choisis revient donc à l'entreprise.
- Les entreprises répertoriées dans NetMall n'ont pas nécessairement un site Web. Si c'est le cas, NetMall y donne accès.
- Totalisant près de 9 000 entrées, cet outil fait partie des Top 5 % élaborés par Point Communication (cet organisme fait des évaluations de sites Web, on peut y avoir accès au : http ://www.pointcom.com).

Informations générales

Nom : OPEN TEXT INDEX

URL : http ://opentext.uunet.ca :8080/omw.html

Producteur et coordonnées :

Open Text Corporation   *UUNET Canada Inc.* info@uunet.ca
180 Columbia Street W. Suite 211020 Bay Street Suite 1910
Waterloo, Ontario   Toronto, Ontario
N2L 3L3 Canada   M5J 2N8 Canada
Tél. : (519) 888 9910   Tél. : (416) 368 6621, (800) 463-8123
Fax : (519) 888 0677   Fax : (416) 368-1350

Description : robot

Environnement : WWW

Mise à jour des données : quotidienne

Caractéristiques de recherche

Informations trouvables : logiciel, personne, fichier

Zones indexées : idem à « Possibilité de restreindre la recherche aux champs suivants » ci-dessous

Possibilité de restreindre la recherche aux champs suivants : URL, titres des pages Web, hyperliens, résumés de pages Web, First Heading

Paramètres de recherche
> **Opérateurs booléens :** AND, OR, BUT, NOT
> **Proximité-adjacence :** NEAR, FOLLOWING
> **Sensibilité aux majuscules :** non
> **Troncature :** non

Résultats de la recherche

Nombre de réponses : ne permet pas de fixer le nombre de réponses désirées ; effectue le calcul de pertinence au moyen de « Weighted Search » uniquement.

Observations

Documentation : généreuse et très détaillée sur chaque facette d'Opentext. Des exemples et des trucs sont inclus.

- Trois types de recherche sont possibles :
    - Simple Search : un simple bordereau où l'utilisateur inscrit ses termes de recherche. L'utilisateur précise s'il souhaite trouver les termes dans l'ordre exact (« This phrase »), tous les termes quel que soit l'ordre (« *All of these words* ») à l'aide de AND, ou n'importe lequel des termes (« *Any of these words* ») à l'aide de OR.
    - Power Search : c'est dans cette option que l'on retrouve les fonctions avancées de recherche, soit tous les types d'opérateurs (booléens, proximité) ainsi que les possibilités de limiter la recherche à certains champs (URL, titres, etc.).
    - Weighted Search : semblable à l'option précédente, celle-ci permet que les réponses soient présentées selon leur pertinence (2 choix : présence ou absence des termes recherchés, nombre de fois ou apparaissent les termes recherchés). L'utilisateur peut, s'il le désire, préciser le poids à donner à chacun de ses termes de recherche. Ce bordereau de recherche ne permet pas l'utilisation d'opérateurs autres que le AND, mais permet toutefois de limiter la recherche à certains champs.
- La possibilité de faire la recherche en français sera disponible bientôt.

Informations générales

Nom : OTIS INDEX

URL : http//www.interlog.com/~gordo/otis_index.html

Producteur et coordonnées : Otis Systems
507 King Street East Suite 308
Toronto, Ontario
M5A 1M3

Description : index

Environnement : Internet (Web, Newsgroups, etc.)

Caractéristiques de recherche

Informations trouvables : ressources Internet, sites commerciaux, logiciels, publications, Newsgroups

Observations

- Index donnant accès à plusieurs systèmes d'aide à la recherche et répertoriant divers sites d'intérêt :
    - SEARCH THE INTERNET
        - Yahoo, Lycos, Infoseek, Four 11 (People), World Wide Web Crawler, ArchiePlex
    - SOFWARE INDEX
    - ONLINE BOOKS INDEX
    - COMMERCIAL SITES INDEX
    - Electronic Yellow Pages
    - NEWSGROUP INDEX
    - PUBLICATIONS

RBSE's URL database

Informations générales

Nom : RBSE SPIDER

URL : http ://rbse.jcs.nasa.gov/eichmann/urlsearch.html

Producteur et coordonnées : David EICHMANN – NASA
(eichmann@rbse.jsc.nasa.gov)

Description : robot de recherche de l'information et analyse statistique

Environnement : WWW

Caractéristiques de recherche

Informations trouvables : pages Web

Zones indexées : texte intégral du document source, hyperliens

Paramètres de recherche
 Opérateurs booléens : OU implicite ; les documents sont présentés par ordre de pertinence, c'est-à-dire ceux qui contiennent tous les mots recherchés avant ceux qui ne contiennent que certains mots ou un seul.
 Proximité-adjacence : non
 Sensibilité aux majuscules : non
 Troncature : implicite, à gauche et à droite. Donc, l'outil recherche plutôt des chaînes de caractères (éventuellement à l'intérieur d'un mot) que des mots entiers.

Résultats de la recherche

Nombre de réponses : maximum 100

Interface de recherche :

This is a searchable index. Enter search keywords: `feline peritonitis`

Format des réponses :

URL Search Response:

NumberOfRecordsReturned: 11

- Score: 1000, lines: 32 Rocket Butt transcript

- Score: 517, lines: 57 Pandora's Home Page

- Score: 328, lines: 940 rec.pets.cats FAQ (part 4/4)

- Score: 244, lines:1294 rec.pets.cats FAQ (part 2/4)

Observations

- Outil développé dans le cadre d'un programme de recherche financé par la NASA (*The Repository Based Software Engineering*)
- Prototype expérimental ; il recherche dans une partie limitée du WWW.
- En développement
- La collecte de documents a lieu en largeur, selon 5 niveaux de profondeur.
- Documentation disponible – trois documents intéressants mais très techniques, présentés à des conférences internationales sur le WWW

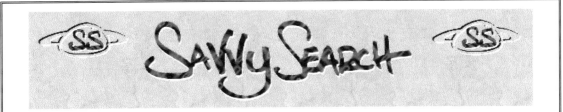

Informations générales

Nom : SAVVY SEARCH

URL : http ://www.cs.colostate.edu/~dreiling/smartform.html

Producteur et coordonnées : Daniel DREILINGER, Colorado State University (dreiling@savvy.cs.colostate.edu)

Description : catalogue multimoteurs de recherche simultanée

PARTICULARITÉS :
- Il existe deux versions actuellement disponibles.
  1. La première version regroupe 15 outils de recherche. Elle permet la recherche dans un maximum de 5 outils à la fois et de chercher jusqu'à 3 types d'information en même temps.
  2. La deuxième version regroupe 19 outils de recherche. Les outils pertinents sont automatiquement sélectionnés, en fonction du type d'information recherchée.
- L'environnement d'action de Savvy Search, la mise à jour des données et la possibilité d'inscription d'un site dépendent des outils de recherche sélectionnés.

OUTILS REGROUPÉS :

Première version : Lycos, Web Crawler, Nikos, Archie, InfoSeek, Webster, Roget's Thesaurus, Harvest home pages, Harvest 1-800 directory, EINet Galaxy, Yahoo, Harvest Technical Reports, DejaNews, Internet Movie Database (People), Internet Movie Database (Titles)

Deuxième version : Aliweb, CSTR, Lycos, Web Crawler, Nikos, InfoSeek, EINet Galaxy, Yahoo, DejaNews, Internet Movie Database, FTP Search 95, Inktomi, Open Text, Pathfinder, Point Search, SIFT – Stanford Information Filtering Tool, Tribal Voice, Virtual Software Library, Yellow Pages

– pour la première version, deux interfaces de recherche

Environnement : en fonction des outils de recherche sélectionnés

Caractéristiques de recherche

Informations trouvables : pages Web, personnes, information commerciale, rapports techniques, nouvelles, logiciels, ouvrages de référence, information académique, images, divertissement

Paramètres de recherche
    Opérateurs booléens : AND, OR pour la deuxième version
    Proximité-adjacence : pour la deuxième version, oui
    Sensibilité aux majuscules : non
    Troncature : en fonction des outils consultés ; pour la plupart des outils regroupés, la troncature est implicite à droite et à gauche.

Interface de recherche de la première version :

[*SaVVy Search* : HOME | SEARCH | FEEDBACK | FAQ | HELP]

■ Keywords: `feline urinary syndrome`
■ Operator: ○ AND ○ OR ◉ Adjacency
■ Number of hits from each engine: `10` ▼
■ Display: ○ Brief ◉ Normal ○ Verbose
■ ☐ Integrate results

    Start Search

[English | Français | Deutsch | Italiano | Português | Español | Nederlands | Norsk | Korean | Russian | Suomi | Esperanto | Svenska | Nihongo]

Résultats de la recherche

Nombre de réponses : 10, 20, 30, 40, 50 au choix

Observations

Documentation :
- – Aide contextuelle
- – Document FAQ (foire aux questions) très bon

- Permet trois types d'affichage des résultats :
  - – abrégé
  - – normal
  - – détaillé
- L'option *intégration des réponses* a les effets suivants :
  - – élimination des duplicats
  - – les résultats ne sont pas regroupés par outils consultés
  - – l'affichage prend un peu plus de temps
- Disponible en 14 langues : anglais, français, espagnol, italien, allemand, russe, norvégien, hollandais, etc.
- Outil expérimental en développement
- Résultats très pertinents

The SG-Scout Home Page

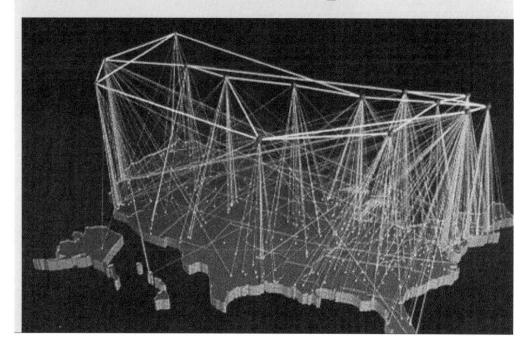

Informations générales

Nom : SG-SCOUT

URL : http ://www-swiss.ai.mit.edu/~ptbb/SG-Scout/SG-Scout.html

Producteur et coordonnées : Peter BEEBEE
(ptbb@ai.mit.edu, beebee@parc.xerox.com)

Description : robot qui crée une base de données des serveurs WWW par domaines Internet.

Environnement : WWW

Mise à jour des données : la base de données a été alimentée 2 fois, à savoir en juin 1994 et août 1994.

Caractéristiques de recherche

Informations trouvables : serveurs Web

Résultats de la recherche

Format des réponses :

Peter Beebee's List of WWW Servers

Domain be

- http://anarchy.uia.ac.be:80
- http://arti.vub.ac.be:80
- http://cc1.kuleuven.ac.be:80
- http://dbmdec5.ulb.ac.be:80
- http://ftp.iihe.ac.be:8888
- http://fynu1.fynu.ucl.ac.be:81
- http://ifdh.sc.ucl.ac.be:80
- http://igwe.vub.ac.be:80
- http://igwe2.vub.ac.be:80

Observations

Documentation : une page d'accueil contenant de l'information destinée surtout aux administrateurs de système

- Robot développé pour le Centre de recherche Xerox de Palo Alto (*Xerox Palo Alto Research Center*)
- Il collecte « en largeur » selon un seul niveau de profondeur, en faisant le tour des serveurs du voisinage.

SIMON FRASER UNIVERSITY'S ELECTRONIC LIBRARY

Informations générales

Nom : *SIMON FRASER UNIVERSITY'S* ELECTRONIC LIBRARY

URL : http ://fas.sfu.ca/projects/ElectronicLibrary

Producteur et coordonnées : Prof. Rob CAMERON de SFU School of
Computing Science (cameron@cs.sfu.ca)
SFU Library

Description : site WWW organisé par types de ressources (périodiques électroniques, ouvrages de référence, logiciels, etc.), qui donne également accès à des sites organisés par sujets.

Environnement : WWW, Gopher, Telnet, FTP

Mise à jour des données : non disponible

Caractéristiques de recherche

Informations trouvables : livres électroniques, périodiques électroniques, ouvrages de référence, rapports techniques, thèses, publications gouvernementales, logiciels, catalogues de bibliothèques, bibliothèques virtuelles, outils de recherche, etc.

Résultats de la recherche

Format des réponses :

Electronic Library at SFU

- E-Catalogs: Internet-Accessible Library Catalogs
- E-Serials: Journals, Magazines, Newsletters
- E-Texts: Full-text Electronic Books
- E-Papers: Technical Reports, Preprints, Theses
- E-Reference: Electronic Reference Works
- E-Subjects: Internet Resources by Subject
- E-Libraries From Around The World
- E-Societies: Web-Pages of Scholarly Societies (via U. of Waterloo)
- E-Government: Online Government Publications and Other Info
- E-Societies: Gophers of Scholarly Societies (via U. of Waterloo)
- Publishers: Catalogs and Other Info (via U. of Manitoba)
- E-Search: Search The Web
- E-Learn: Learn About Internet Searching through The Internet Hunt
- E-Data: The SFU Research Data Library
- E-Collections: Materials Organized at SFU
- E-Tools: Library Software Tools (via North Carolina State Univ.)

SMSsearch

Informations générales

Nom : SMS SEARCH (Peregrinator)

URL : http ://www.maths.usyd.edu.au :8000/SMSsearch.html

Producteur et coordonnées : School of Mathematics and Statistics – University of Sydney (Australia)

Description : robot

Environnement : WWW

Caractéristiques de recherche

Informations trouvables : documents de la collection du producteur, spécialisé en mathématiques et en statistiques

Paramètres de recherche
    Opérateurs booléens : non
    Proximité-adjacence : par le concept des « phrases ». Le bordereau de recherche (voir ci-dessous), offre la possibilité de chercher des mots (l'ordre des mots est sans importance) que l'on souhaiterait retrouver dans une même phrase d'un document. Si on veut retrouver différents mots dans un document mais pas nécessairement dans une seule phrase, on doit inscrire ces mots dans les différentes phrases du bordereau.
    Sensibilité aux majuscules : non
    Troncature : par défaut. SMS Search tronque lui-même. L'utilisateur n'a pas à élaborer sa stratégie de recherche en tenant compte des singuliers, des pluriels, etc.

Interface de recherche :

Phrase 1 :

```
information system
```

Phrase 2 :

Résultats de la recherche

Format des réponses :

SMSsearch results

Phrase 1 :

information has stem **inform** which occurs in 259 sentences among the indexed documents.

system is its own stem and occurs in 496 sentences.

13 documents contain the phrase.

Eight accessible matching documents were found.

P1

01 Canonical stems and noise words for the Peregrinator

01 Computing at SMS

Observations

Documentation : brève mais précise

- Cet outil cherche uniquement des documents appartenant à la collection du producteur (University of Sydney, School of Mathematics and Statistics). Toutefois, les gens intéressés par les documents spécialisés en mathématiques touchant l'ensemble du WWW peuvent utiliser l'outil **MathSearch** (http ://www.maths.usyd. edu.au:8000/MathSearch.html).

Informations générales

Nom : SPRY SEARCH WIZARD (Était *Spry Wizard Robot.*)

URL : http ://spry.yahoo.com/spry/index.html

Producteur et coordonnées : SPRY Company (info@spry.com)

Description : robot qui indexe périodiquement un nombre limité de sites d'intérêt et crée ainsi la base de données de Yahoo ; assure la recherche dans cette base de données.

Environnement : WWW, Gopher, FTP, Telnet, Newsgroups

Mise à jour des données : constante

Caractéristiques de recherche

Informations trouvables : toute information accessible par Yahoo : pages Web, documents Gopher, logiciels, ouvrages de référence, images, actualités, archives de groupes de discussion, catalogues de bibliothèques, etc.

Zones indexées : titres, URL, résumés, intitulés des sections de Yahoo

Zones de recherche : titre, URL, résumé du document

Paramètres de recherche

Opérateurs booléens : AND, OR

Proximité-adjacence : oui, à la demande de l'utilisateur, plusieurs mots séparés par des espaces peuvent être traités comme une expression dans laquelle les mots sont adjacents. Cette fonction ne peut être combinée à celle des opérateurs booléens.

Sensibilité aux majuscules : oui, si l'utilisateur choisit cette fonction.

Troncature : oui, si l'utilisateur la choisit ; les mots peuvent être traités comme des chaînes de caractères, donc il y a troncature à gauche et à droite.

Résultats de la recherche

Nombre de réponses : 100, 200, 300 ou illimité

Interface de recherche :

Find all matches containing the *keys* (separated by space)

| `library information science` | **Search** | **Clear** |

Find matches in ☒ Title ☒ URL ☒ Comments
☐ Case sensitive matching
Find matches that contain
    ○ At least one of the *keys* (boolean **or**)
    ◉ All *keys* (boolean **and**)
    ○ All *keys* as a single string
Consider *keys* to be
    ◉ Substrings
    ○ Complete words
Limit the number of matches to |100 ▼|

Observations

- Les fonctions de recherche avancées sont disponibles en activant le bouton *Options*.
- Le moteur de recherche n'est pas tout à fait au point, puisqu'il ne respecte pas toujours les options de l'utilisateur (par exemple, au lieu de traiter plusieurs mots comme formant une expression, il les traite comme s'il y avait un ET entre eux ; les mots se retrouvent donc dans le document, mais pas l'un à côté de l'autre).
- Possibilité d'inscrire un site.

 **Search**

Multithreaded query page

Informations générales

Nom : SUN MULTITHREADED QUERY PAGE

URL : http ://www.sun.com :80/cgi-bin/show ?search/mtquery/index.body

Producteur et coordonnées : Joseph M. BARO de Sun Microsystems
(Joseph.Baro@central.sun.com)

Description : catalogue multimoteurs de recherche simultanée

OUTILS REGROUPÉS :
- **Robots :** Lycos, WebCrawler, RBSE's, Einet Galaxy, Nikos, Northstar Robot, Jumpstation. À noter que les trois derniers ne sont plus en fonction.
- Outils de recherche dans l'environnement Gopher et FTP : Veronica, Jughead, Archie
- Outils orientés vers la recherche de documents spécifiques : RFCs, Internet Drafts, CS TR Index
- Index : W3 Catalog, Internet Catalog, Aliweb, SUN, Sunsolve, US Senate, Language List, Free Compilers, Unix Archive, CIA Fact Book

Sun Multithreaded Query Search permet de recourir simultanément à plusieurs de ces outils. Cependant, il n'y a pas de syntaxe de recherche unique, compatible avec l'ensemble des outils. L'utilisateur doit formuler la requête en fonction des règles de syntaxe spécifiques aux outils choisis.

Sun Multithreaded Query Search donne également accès à chacun de ces outils.

Environnement : dépend des outils consultés.

Mise à jour des données : dépend des outils consultés

Caractéristiques de recherche

Informations trouvables : dépendent des outils consultés

Interface de recherche :

Query Specification

Query text: `italian work permit`   submit   reset

Maximum time to wait for query response: 5 ▼ Minutes

Search Engines

Robot engines:
☒ Lycos ☒ Web Crawler ☒ RBSE's ☒ NIKOS ☒ NorthStar
☒ JumpStation ☒ EINet Galaxy

FTP and Gopher:
☐ Veronica by subject ☒ Veronica full text ☐ Jughead
☐ Archie at: University of Nebraska ▼

Index based engines:
☐ W3 Catalog ☐ ☐ Internet Catalog ☐ Aliweb

Résultats de la recherche

Format des réponses :

WebCrawler Search Results

The query "italian work permit" found 65 documents and returned 25:

100 Sichenia Gruppo Ceramiche
059 Language Study Link - Torre di Babele S.r.l.
056 Entering in Italy
049 University of Pisa Department of Radiology Home Page
029 The Wasteland Wanderer's Mainstream Page
022 Editorial/1
017 Artificial Reefs, Coral, Diving, Fishing and Conservation / Ecology Links
012 The lessons come early...
010 How To Legally Obtain A Second Citizenship and Passport -- And Why You Want To

Observations

- Temps maximum d'attente pour une requête, au choix : 5, 15, 30, 60 minutes, indéfiniment

TRIBAL VOICE
The Internet Trailblazer Search

Informations générales

Nom : TRIBAL VOICE

URL : http ://www.tribal.com/search.htm

Producteur et coordonnées : Tribal Voice (feedback@tribal.com)

Description : robot de recherche de l'information

Environnement : WWW, Gopher, Telnet

Mise à jour des données : non disponible

Caractéristiques de recherche

Informations trouvables : pages Web, documents Gopher, bases de données accessibles par Telnet.

Zones indexées : titre du document, URL, mots clés, description du site

Paramètres de recherche
   Opérateurs booléens : OR, AND
   Proximité-adjacence : non. L'option « *all guide words as a single string* » indique au moteur de recherche de trouver des documents qui contiennent tous les mots, en respectant leur ordre, mais sans qu'ils soient nécessairement adjacents.
   Sensibilité aux majuscules : non
   Troncature : non

Interface de recherche :

Enter the Guide Word(s) to search for:

german language learn

Search   Clear

☑ Use fuzzy logic (finds plurals, different tenses, etc.)

Find matches that contain
- ⦿ All *Guide Words*
- ○ At least one of the *Guide Words*
- ○ All *Guide Words* as a single string

Limit the number of matches to 50 ▼

Résultats de la recherche

Nombre de réponses : 25, 50, 75, 100, 200, 350, au choix

Format des réponses :

⦿ 4 matches found for german language learn ⦿

World Wide Web Links

⦿ International Language Development - International Language Development enables you to learn a new language with the Internet: French, German, Japanese, Korean, Russian or Spanish.
⦿ Gago, Alberto Gago - This is the home page of a poor good intentioned Spanish student trying to learn the German language.
⦿ Culturally Speaking
⦿ FlashCARD Software Co

Observations

- Limite de 4 mots clés par recherche
- Option « *fuzzy logic* » : pour un mot clé donné, Tribal Voice recherche aussi des documents contenant d'autres formats, des mots anglais (pluriel, conjugaisons, etc.).
- L'option « single string » ne fonctionne pas toujours ; parfois, le moteur de recherche exécute un OU logique entre les mots.
- Possibilité d'inscrire un nouveau site dans l'index.
- Page d'aide

VERONICA

Informations générales

Nom : VERONICA (*Very Easy Rodent-Oriented Net-Wide Index of Computerized Archives*) version 0.6.5f

URL : gopher ://veronica.scs.unr.edu/11/veronica

Producteur et coordonnées : Fred BARRIE et Stephen FOSTER, de l'université du Nevada (fin 1992) ; veronica@scs.unr.edu

Description : outil de recherche de l'information dans l'espace Gopher. Plusieurs copies du logiciel-serveur *Veronica* figurent sur divers sites dans le monde. Les bases de données construites sur ces sites sont légèrement différentes de l'un à l'autre.

Environnement : Gopher (des adresses telnet, FTP, Usenet se retrouvent également dans l'index construit par Veronica, si elles apparaissent dans les titres des menus Gopher).

Mise à jour des données : à intervalle différent pour chaque site Veronica ; plus ou moins mensuellement.

Caractéristiques de recherche

Informations trouvables : documents textuels diffusables par Gopher, répertoires (menus) Gopher, archives, catalogues de bibliothèques, fichiers d'images, fichiers binaires, logiciels, etc.

Zones indexées : titres (intitulés de menus Gopher et de fichiers de données)

Possibilité de faire la recherche dans : les titres de fichiers et répertoires (confondus), ou les titres de répertoires seulement

Paramètres de recherche

Opérateurs booléens : AND, OR, NOT ; AND implicite ; parenthèses. En l'absence des paranthèses, la recherche se fait de droite à gauche, sauf pour le serveur *Veronica* de Köln, où la recherche se fait de gauche à droite. Les mots d'une requête doivent comporter au moins deux lettres.

Proximité-adjacence : non

Sensibilité aux majuscules : non

Troncature : oui, (*) à la fin des mots

Arguments de recherche :

– limitation des résultats de recherche par types de documents (option -t)

0 = fichiers de texte
1 = répertoires
2 = bottins téléphoniques
4 = fichiers *Mac HQS*
5 = fichiers PC binaires
7 = sources interrogeables
8 = sites telnet
9 = fichiers binaires
I = fichiers d'image (mais pas *.gif*)
S = fichiers de son
M = *MIME multipart* / messages composés
T = session *TN3270*
g = images *.gif*
h = fichiers *html*
Il est possible de combiner ces arguments.

Exemple : *CATALOGUES -t78* recherche le mot *catalogues* dans les intitulés de sites Telnet et les sources interrogeables (bases de données).
Il est possible de créer un fichier de liens aux ressources repérées, par la commande **-l**.

Résultats de la recherche

Nombre de réponses : par défaut, 200 ; on peut spécifier le nombre de réponses désiré par la commande **-mx** ; **x** représente le nombre de réponses désiré, **-m** sans argument demande un nombre illimité de réponses.

Interface de recherche :

Gopher Search

This is a searchable Gopher index. Use the search function of your browser to enter search terms.

This is a searchable index. Enter search keywords: `atrium —t8`

Format des réponses :

Gopher Menu

`ink.12660ink.14589ink.20360ink.25420ink.29998ue Jan 16 22:56:14 CST 1996`

ATRIUM - Bibliotheques de l'Universite de Montreal

Observations

- Le fonctionnement de Veronica est analogue à celui des robots de recherche de l'information, mais son environnement d'action est l'espace Gopher. Le logiciel collecte et indexe les intitulés de menus et de fichiers Gopher visités, et en crée une base de données accessible sur un serveur Gopher. Les producteurs de Veronica implanteront sous peu un système d'indexation distribuée : au lieu de collecter et indexer les intitulés des menus et des fichiers Gopher, les agents collecteurs de Veronica seront chargés de collecter des fichiers de données pré-indexées, préparés par les administrateurs de sites Gopher.
- Le logiciel-serveur *Veronica* est disponible gratuitement sur des sites FTP.
- La documentation est complète sur le site central.
- Un même document peut être repéré plusieurs fois, simplement parce qu'il apparaît dans les menus de différents Gopher. (Le module collecteur de Veronica ne tient pas compte de l'historique des sites visités).

Problèmes rencontrés : un même document peut être repéré plusieurs fois, simplement parce qu'il apparaît dans les menus de différents Gopher (le module collecteur de Veronica ne tient pas l'historique des sites visités).

THE VIRTUAL REFERENCE DESK

Informations générales

Nom : THE VIRTUAL REFERENCE DESK

URL : gopher ://peg.cwis.uci.edu :7000/11/VIRTUAL %20REFERENCE %20DESK

Producteur et coordonnées : Calvin BOYER, University of California
(cjboyer@uci.edu)

Description : menu Gopher, organisé par types de documents et par sujets

Environnement : Gopher

Mise à jour des données : irrégulière ; la dernière mise à jour a eu lieu le 26 novembre 1995.

Caractéristiques de recherche

Informations trouvables : textes électroniques, ouvrages de référence recherchables, adresses utiles, publications gouvernementales, périodiques électroniques, répertoires de listes électroniques, catalogues de bibliothèques, liens avec d'autres sites Gopher organisés par sujets, données statistiques, outils de recherche de l'Internet, etc.

Format des réponses :

Gopher Menu

☐   About the "Virtual Reference Desk"

☐   Internet Mall (tm) (SHOPPING--1,000+ shops, services) by Taylor

☐ GOPHERS   22 different gopher groups

☐ INTERNET ASSISTANCE

☐ U.S. White House - e-mail addresses for President/Vice President

☐ 6,000,000+ journal articles (via CARL UnCover)

☐ ACRONYMs dictionary

☐ AIDS Related Information

Observations

- Structure éclectique ; plus le site prend de l'expansion, plus il devient difficile d'y retrouver une information précise.
- Possibilité d'inscrire son site.

Informations générales

Nom : VIRTUAL SOFTWARE LIBRARY AT C|NET (VSL)

URL : http ://vsl.cnet.com/

Producteur et coordonnées : Dr. Ziga TURK, de l'université de Ljubljana, en Slovénie. VSL est maintenu par C|*net online*. (support@vsl.cnet.com managers@vsl.cnet.com)

Description : robot de recherche de logiciels qui visite et indexe régulièrement 22 archives de produits informatiques et crée une base de données accessible par un site principal et 9 sites miroirs.

Cinq types de recherche sont possibles :
- recherche rapide ;
- recherche dans les logiciels les plus populaires (selon le nombre de téléchargements) ;
- recherche dans les nouveautés ;
- recherche avancée ;
- recherche par archives (site FTP) à l'aide de l'interface avancée.

Environnement : WWW, FTP

Mise à jour des données : constante

Caractéristiques de recherche

Informations trouvables : logiciels

Zones indexées : nom du fichier, description, date d'entrée du fichier dans l'archive, catégorie de logiciels (plate-forme informatique), noms de sites FTP, noms de répertoires dans des sites FTP

Zones de recherche pour la recherche avancée : catégorie de logiciels (plate-forme informatique), description du fichier, nom du fichier, nom du répertoire, date. Toutes les zones sont optionnelles. Par défaut, la recherche s'effectue dans les champs description et nom du fichier. En tapant les caractères / $ dans la zone de recherche par noms de répertoires, la recherche se fait dans cette zone, et non dans les zones nom et description.

Paramètres de recherche	Recherche rapide	Recherche avancée
Opérateurs booléens :	OR, AND	AND, OR, NOT; le OR est représenté par le signe |
Proximité-adjacence :	non	non
Sensibilité aux majuscules :	non	oui, sur demande
Troncature :	implicite, à gauche et à droite	implicite, à gauche et à droite
		troncature interne avec le signe *

Interface de recherche avancée :

power search

Select the category of files to search: `MS-Windows3.x` ⬇

input options

In the file's description search for: `html`
and for: `edit|author`
but not for: `assistant`
Check to match case in the above: ☐
Check to search in filenames too: ☒
Search specific directory/filename: `_____`
Show only files created after this date: `Jan` ⬇ `1` ⬇ `1995` ⬇

Résultats de la recherche

Nombre de réponses : 20, 50, 100, 200, selon le choix

Format des réponses :

```
wpc.zip new
        file size: 263 K (269231 bytes)
        file date: Jan 06,1996
        path: winsock/

        HTML editor for WIN3X,95,NT

hw9b4all.zip
        file size: 246 K (252294 bytes)
        file date: Nov 28,1995
        path: winsock/

        A powerful, yet easy to use, HTML editor

amiweb16.zip
        file size: 90 K (91940 bytes)
        file date: Nov 27,1995
        path: misc/

        AmiPro Toolkit for authoring HTML docs v1.6
```

Observations

- Les résultats de la recherche avancée peuvent être affichés en format complet ou abrégé. Il est possible de les trier par dates ou par ordre alphabétique.
- VSL contient plus de 130 000 fichiers.
- Page d'aide et page de FAQ complètes.

Informations générales

Nom : THE VIRTUAL TOURIST

URL : http ://www.vtourist.com/webmap/

Producteur et coordonnées : Brandon PLEWE (plewe@acsu.buffalo.edu),
Kinesava Geographics
http ://www.vtourist.com/webmap/comments.htm

Description : répertoire des serveurs WWW dans le monde, présenté sous forme de cartes géographiques sensitives, selon plusieurs niveaux hiérarchiques (carte du monde/cartes continentales/cartes des pays ou listes par pays/régions/villes/etc.).

Environnement : WWW

Mise à jour des données : différente, pour chacun des pays listés

Caractéristiques de recherche

Informations trouvables : sites Web ; sites Gopher pour certains pays

Select a country from the map below:

La carte sensitive de l'Europe sur le site de Virtual Tourist

Observations

- *The Virtual Tourist* est relié, quant aux 2 premiers niveaux (monde/continents) à *The Virtual Tourist II* qui offre de l'information touristique.
- À partir du troisième niveau (pays/etc.), les sites sont maintenus indépendamment du site VT principal, d'habitude sur des serveurs situés dans les pays respectifs.
- Une version textuelle de la liste des serveurs Web par pays est maintenue par W3C (*The WWW Consortium*).
- Outil en nomination pour le prix *Best of the Web*.
- Possibilité d'inscrire son site.

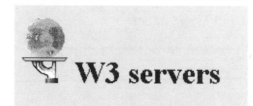

W3 servers

Informations générales

Nom : W3 SERVERS

URL : http ://www.w3.org/hypertext/DataSources/WWW/Servers.html

Producteur et coordonnées : www-admin@w3.org

Description : liste de serveurs WWW par continent et par pays

Environnement : WWW

Caractéristiques de recherche

Informations trouvables : sites Web

- **Australia and Oceania**
  - ☐ Australia (sensitive map, general info)
  - ☐ New Zealand (general info)
- **Central America**
  - (see Latin American Studies)
  - ☐ Costa Rica
  - ☐ Dominican Republic
  - ☐ Netherlands Antilles

Observations

- Bon point de départ pour une recherche d'information sur un pays ou une région
- Il s'agit d'une liste sélective de serveurs Web d'abord présentée par lieux géographiques. Cette liste est également accessible par sujets.
- Il n'existe pas de formulaire (bordereau) de recherche. Les utilisateurs possédant un serveur peuvent s'y enregistrer.

net.Genesis Wandex

Informations générales

Nom : THE WANDERER & WANDEX
WWWWanderer (version 3.0) est le module collecteur de ce robot
Wandex est la base de données créée par **The Wanderer**

URL : http ://www.netgen.com/cgi/wandex

Producteur et coordonnées : Matthew GRAY (mkgray@netgen.com)
de *net.Genesis*

Description : robot de recherche d'informations et de création de statistiques

Environnement : WWW

Mise à jour des données : la dernière mise à jour a eu lieu le 3 janvier 1996.

Caractéristiques de recherche

Informations trouvables : – sites Web, par domaines Internet
– pages Web, par mots clés

Paramètres de recherche

Opérateurs booléens : OU implicite. L'outil de recherche exécute un calcul de pertinence basé sur un algorythme qui tient compte du poids des mots clés dans le document et liste les documents par ordre décroissant de pertinence.
Proximité-adjacence : non
Sensibilité aux majuscules : non
Troncature : implicite, à droite et à gauche. Les mots sont traités comme des chaînes de caractères qui peuvent éventuellement être contenues dans d'autres mots. Ainsi, par exemple, une recherche par le mot clé « art » retracera les documents qui contiennent le mot « dep<u>art</u>ment ».

Interface de recherche :

net.Genesis Wandex

The World Wide Web Wanderer Index

Wandex is a WWW index generated by the WWW Wanderer and the net.Index prototype autonomous content analysis-based search engine). To date, Wandex has indexed over 29, web documents from <u>more than 12,000 sites</u> and more than 6,000 homepages.

Search for: `universite montreal` [**FULL WEB SEARCH**]

Résultats de la recherche

Format des réponses :

Wandex search for universite montreal

Best Matches

- <u>Universite de Montreal Home Page</u>
  (http://www.iro.umontreal.ca/) Score: 100
- <u>Universite de Montreal Home Page</u>
  (http://www.iro.umontreal.ca:80/) Score: 100

Observations

- Cet outil est un robot de recherche d'information dont la base de données obtenue s'appelle <u>Wandex</u> et la collecte de l'information est effectuée par le <u>WWWWanderer</u>. The <u>Wanderer</u> crée également l'index des sites Web par domaines de l'Internet. La base de données <u>Wandex</u> étant assez restreinte, les requêtes de recherche donnent peu de documents.
- *The Wanderer & Wandex* permet plusieurs types de recherche :

  1. Par domaine Internet : *net.Genesis.com* détient la liste complète des sites visités par The Wanderer, par domaines Internet. Il est possible de sélectionner la liste des sites pour un ou plusieurs domaines donnés (par exemple, *.ca, ere.umontreal.ca, crim.ca*). Accès aux sites à partir de la liste.

  2. Par sujet :   – dans le site net.Gen

                         – partout dans l'Internet (base de données *Wandex*)

- Il est possible d'inscrire un site dans la liste par domaines Internet.

Informations générales

Nom : WEBCRAWLER (version 2.0)

URL : http ://webcrawler.com/

Producteur et coordonnées : Brian PINKERTON (bp@webcrawler.com)
(Cet outil est géré par *America Online*.)

Description : robot de recherche d'information et de compilation de statistiques

Environnement : WWW, Gopher, FTP

Mise à jour des données : la dernière mise à jour à eu lieu le 3 janvier 1996.

Caractéristiques de recherche

Informations trouvables : pages Web, Gopher, FTP

Zones indexées : titres, URL, texte intégral

Paramètres de recherche
> **Opérateurs booléens :** OU, ET. Les documents sont présentés par ordre de pertinence sur la base d'un algorythme qui tient compte du poids des mots clés recherchés dans le document.
> **Proximité-adjacence :** non
> **Sensibilité aux majuscules :** non
> **Troncature :** implicite à gauche et à droite. Les mots sont traités comme des chaînes de caractères qui peuvent éventuellement figurer dans d'autres mots. Ainsi, par exemple, une recherche par le mot clé « art » retracera les documents qui contiennent le mot « dep**art**ment ».

Interface de recherche :

Enter some words and start your search:

| feline urinary syndrome | | Search |

Find pages with | all | ± | of these words and return | 25 | ± | results.

Résultats de la recherche

Nombre de réponses : 10, 25, 100 réponses. Après avoir affiché 25 résultats, par exemple, il est possible d'en afficher plus, en activant un bouton.

Format des réponses :

WebCrawler Search Results

The query "feline urinary syndrome" found 4 documents and returned 3:

100 Skin Problems
100 http://sol.csd.unb.ca:70/0/FAQ/newsgroups
100 The Information Source

Observations

- Ce robot a été créé à l'université du Washington à Seattle, comme outil expérimental de repérage de l'information (1994). Aujourd'hui, il est offert par *America Online* à titre de service Internet gratuit :
  - présente une page d'aide avec exemples et une page FAQ ;
  - plus de 190 000 documents Web indexés ;
  - bientôt avec une interface améliorée ;
  - offre une liste de 10 liens sélectionnés au hasard dans son index ;
  - offre une Hot List des 25 documents auxquels il fait surtout référence dans le WWW. Cependant, le choix se fait seulement parmi des documents visités par WebCrawler.
- Possibilité d'inscrire son site.
- Collecte de documents « en largeur »

Webliography : A Guide to Internet Resources

Informations générales

Nom : WEBLIOGRAPHY

URL : http ://www.lib.lsu.edu/weblio.html

Producteur et coordonnées : les bibliothèques de Louisiana State University
(http ://www.lib.lsu.edu/email/wuolu.html)
(notdjw@unix1.sncc.lsu.edu)

Description : site Web, organisé comme un index par sujet et par type d'information

Environnement : WWW, liens avec sites Gopher, FTP, Telnet, outils de recherche

Mise à jour des données : non disponible

Caractéristiques de recherche

Informations trouvables : publications électroniques, outils de référence, outils de recherche dans Internet, information gouvernementale, documents par sujets, archives électroniques, groupes et listes de discussion.

Webliography: A Guide to Internet Resources

Electronic Publications | Periodical Databases | Reference | Search the Internet | Business | Government | Humanities | Interdisciplinary and General | Science | Social Science

Electronic Publications

Government Publications
Periodicals (by type)
Periodicals (NewJour archive)
Listservs, Discussion Groups and Usenet News
News Sources
Text Archives

Periodical Databases

Informations générales

Nom : WEBULA

URL : http ://www.eg.bucknell.edu/cgi-bin/webula/index.html

Producteur et coordonnées : Dave MAHER (http ://www.eg.bucknell.edu/cgi-bin/ webula/comments)

Description : index hiérarchique selon trois niveaux, créé par l'inscription de sites par leurs auteurs/administrateurs ; outil de recherche dans l'index

Environnement : WWW, FTP

Mise à jour des données : constante

Caractéristiques de recherche

Informations trouvables : pages Web, sites FTP

Zones indexées : URL, titre, description du document ; date de l'ajout, nom et adresse de la personne qui a fait l'ajout ; intitulés de classes de sujets.

Possibilité de restreindre la recherche au champs suivants : URL, titre, description du document ; nom et adresse du responsable du site.

Paramètres de recherche

> **Opérateurs booléens :** OR, AND, NOT. Les opérateurs ne sont pas encore en fonction.
> **Proximité-adjacence :** non
> **Sensibilité aux majuscules :** non
> **Troncature :** implicite, à gauche et à droite. L'outil recherche donc des chaînes de caractères plutôt que des mots entiers.

Interface de recherche :

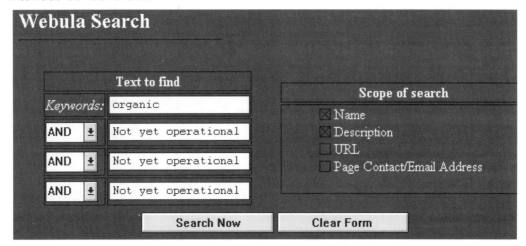

Résultats de la recherche

Format des réponses :

Search results for "organic" :

/Arts and Humanities/Philosophy contains the following match(es):

The Hedonistic Imperative
<URL:http://www.pavilion.co.uk/david-pearce/hedonist.htm>
*The Hedonistic Imperative oulines a global stategy to abolish the biological substrates of aversive experience in **organic** life-forms via third-millennium nanotechnology, biotechnology, eugenics and psychopharmacology*
Submitted on 12/18/95 at 6 a.m. by David pearce <davidp@pavilion.co.uk>

/Business and Finance/Online Shopping contains the following match(es):

Mill Valley **Organic** and Natural Foods
<URL:http://www.w2.com/millvalley.html>
Award winning tortilla chips and tostada bowls ... add a Tex Mex flair to your table! Recipes available!!!
Submitted on 10/26/95 at 5 a.m. by Cynthia Denny <ced@ns.net>

Observations

- L'ordre d'exécution des opérateurs booléens n'est pas expliqué.
- Présente la liste des sites ajoutés le jour même (*new additions*).
- Possibilité d'inscrire de nouveaux sites.

Informations générales

Nom : WHOWHERE ?

URL : http ://www.whowhere.com/

Producteur et coordonnées : Parsec Communications, Inc.
(feedback@whowhere.com)

Description : répertoire d'adresses électroniques, avec outil de recherche ; présente deux formulaires différents, pour recherche de personnes et de compagnies.

Environnement : WWW, courrier électronique (e-mail)

Mise à jour des données : non disponible

Caractéristiques de recherche

Informations trouvables : personnes et compagnies sur l'Internet, adresses électroniques.

Zones indexées : noms de personnes et de compagnies, adresse électronique, URL, ville, région, pays. Certaines informations ne sont pas disponibles pour toutes les entrées dans l'index.

Zones de recherche : pour la recherche de personnes, la zone *Name of the person* est obligatoire ; la zone *Organization* est optionnelle. Pour la recherche de compagnies, l'outil prévoit une seule zone de recherche.

Paramètres de recherche
    Opérateurs booléens : OU implicite ; calcul de pertinence : les documents qui contiennent tous les mots (ET logique) ont une meilleure cote de pertinence.
    Proximité-adjacence : non
    Sensibilité aux majuscules : non
    Troncature : implicite, à gauche et à droite

Interface de recherche :

Looking for PEOPLE on the Net?

Enter the **Name of the Person** you are looking for:

| edi antoniu | (REQUIRED)
|---|

Enter any information you have about the **Organization** that provides an e-mail account for this person. For example, the organization name and location (city, state or country).

| canada | (OPTIONAL)
|---|

[Search] [Reset]

Résultats de la recherche

Nombre de réponses : maximum 500

Format des réponses :

Highly Relevant Responses

⚬ **Name:** Edward Antoniu
Email: antoniu@cs.ualberta.ca
Last seen: Jan '96
Organization: computer science department, university of alberta

Probably Relevant Responses

⚬ **Name:** Antoniu
Email: tony.teculescu.brtxt01@nt.com
Last seen: *Untracked*
Organization: northern telecom limited, mississaugua

Observations

- Page d'aide et FAQ
- Possibilité d'ajouter une entrée dans le répertoire

The WWW Virtual Library

Informations générales

Nom : WWW VIRTUAL LIBRARY

URL : http ://www.w3.org/hypertext/DataSources/bySubject/Overview.html

Producteur et coordonnées : WWW Consortium (www-request@mail.w3.org) (http ://www.w3.org/hypertext/DataSources/bySubject/ Maintainers.html)

Description : classification par sujets des sites Internet

Environnement : WWW, liens vers des sites Gopher, Telnet, FTP, Wais, Usenet

Caractéristiques de recherche

Informations trouvables : documents électroniques, ouvrages de référence, catalogues de bibliothèques, bases de données, réseaux, logiciels, outils de recherche, personnes, etc.

Résultats de la recherche

Format des réponses : fragment de la classification en structure arborescente de sujets, deuxième niveau, section chimie.

 # Chemistry

Please send additions, corrections, or comments to mik@chem.ucla.edu.
Last updated 9-January-1996

CONTENTS

- WWW Chemistry Sites at Academic Institutions
- WWW Chemistry Sites at Non-profit Organizations
- WWW Chemistry Sites at Commercial Organizations
- Other Lists of Chemistry Resources and Related WWW Virtual Libraries
- Some Chemistry Gopher Servers
- Some Chemistry FTP Servers
- Chemistry and Biochemistry USENET News Groups

Observations

- Les sites compris dans cette collection sont organisés et présentés de 4 façons différentes :
  - sous forme de liste alphabétique de sujets,
  - sous forme de structure arborescente de sujets,
  - selon le système de classification LC (*Library of Congress*),
  - par types de serveurs (WWW, Wais, Gopher, etc.).
- En outre, le site *WWW Virtual Library* comprend :
  - listes des 10 sites les plus visités de la *bibliothèque virtuelle* le jour même et l'année courante,
  - liens avec d'autres sites majeurs par sujets,
  - items ajoutés récemment.
- Les items marqués par un point d'exclamation sont nouveaux.
- Possibilité d'inscrire son site.

WWWW – WORLD WIDE WEB WORM

Informations générales

Nom : WWWW – WORLD WIDE WEB WORM

URL : http ://wwww.cs.colorado.edu/wwww

Producteur et coordonnées : Olivier McBRYAN, University of Colorado
mcbryan@cs.colorado.edu

Description : robot de recherche d'information et index de citations sur Internet

Environnement : WWW

Mise à jour des données : dernière mise à jour, septembre 1994.

Caractéristiques de recherche

Informations trouvables : pages Web ; citations de documents Web, c'est-à-dire liens d'un document Web vers un autre ; documents Web qui citent un document donné.

Zones indexées : pour chaque document rencontré, WWWW indexe son titre, son adresse URL, le texte des liens qu'il contient et les adresses URL des liens présents dans le document.

Lors de l'utilisation de ce service de recherche, il est important d'adapter la requête de recherche en fonction du contenu de la base de données consultée. Ainsi, dans une base de données qui contient des URL, nous utiliserons des éléments d'adresse URL plutôt que des mots clés.

Paramètres de recherche
    Opérateurs booléens : OR, AND
    Proximité-adjacence : non
    Sensibilité aux majuscules : non
    Troncature : implicite, à gauche et à droite

Interface de recherche :

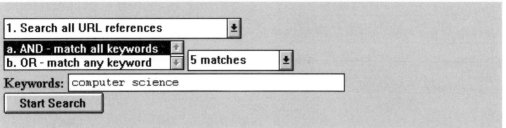

1. Search all URL references ⬍

a. AND - match all keywords ⬍
b. OR - match any keyword ⬍   5 matches ⬍

Keywords: computer science

Start Search

Résultats de la recherche

Nombre de réponses : au choix de l'utilisateur, soit 1, 5, 50, 500 ou 5 000 réponses

Format des réponses :

Actual keywords used: **computer** and **science**

Search took 3.45 secs of CPU time and 11.47 secs of elapsed time

1. Yale University Computer Science Department Overview
   ☐ cited in: http://www.cs.yale.edu/HTML/YALE/CS/FrontDoor.html

2. University of Chicago Computer Science
   ☐ cited in: http://cs-www.uchicago.edu/

3. BSU Mathematics/Computer Science Faculty>
   ☐ cited in: http://math.idbsu.edu/faculty.html

4. Computer Science/Software Engineering
   ☐ cited in: http://www.cs.bham.ac.uk/~rjh/courses/modules/se.html

5. Computer Science Computing Systems Information
   ☐ cited in: http://www.cs.colostate.edu/systems.html

Observations

Documentation : cet outil fournit une page Web contenant des explications sur le fonctionnement du WWWW, ainsi que des notions de base de recherche de l'information.

- Gagnant du prix *Best of the Web '94*, section *Best Navigational Aid*
- Donne accès à plus de 3 000 000 d'URL
- Dispose d'un antidictionnaire
- Possibilité d'inscrire un site

PROBLÈMES :

Pour chaque document rencontré, WWWW en indexe le titre, l'adresse URL, le texte et les adresses des liens hypermédias contenus dans le document.

Quatre bases de données sont créées pour donner accès à ces quatre types d'information. Chaque base peut être interrogée à l'aide d'une option qui lui est propre :
- base des titres
  - recherche : option *search only in document titles*
- base des URL
  - recherche : option *search only in document adresses*
- base des adresses contenues dans le document
  - recherche : option *search all URL adresses*
- base du texte associé aux adresses contenues dans le document
  - recherche : option *search all URL references*

Dans les deux dernières bases, WWWW présente sa réponse comme un index de citations, le résultat affiché contenant des liens vers les documents cités, ainsi que des liens vers leurs documents-parents.

Informations générales

Nom : YAHOO (Yet Another Hierarchically Organized Oracle)

URL : http ://www.yahoo.com/

Producteur et coordonnées : David FILO (http ://akebono.stanford.edu/~filo/) et Jerry YANG (http ://akebono.stanford.edu/~jerry/), de Stanford University.
Le projet YAHOO est maintenant devenu une compagnie privée.
Pour contacter YAHOO : http ://www.yahoo.com/text/suggest.html

Description : ce système d'aide à la recherche comprend :
- un index hiérarchique par sujets, disposé sur trois à cinq niveaux ;
- un outil de recherche automatisée dans l'index par sujets ;
- un agent collecteur qui visite périodiquement certains sites d'intérêt ; l'information collectée est ajoutée à l'index par sujets.

Environnement : WWW, Gopher, FTP, Telnet, Newsgroups

Mise à jour des données : journalière ; à toutes les heures, pour les actualités

Caractéristiques de recherche

Informations trouvables : pages Web, documents textuels dans Gopher, logiciels, ouvrages de référence, fichiers d'images, actualités, archives de groupes de discussion, catalogues de bibliothèques, numéros de téléphone et autres ressources

Zones de recherche : titres, URL, résumés de documents

Zones indexées : titres, URL, résumés de documents ; intitulés des sections de YAHOO

Premier niveau de l'index YAHOO :

- **Arts**
  Humanities, Photography, Architecture, ...

- **Business and Economy** [Xtra!]
  Directory, Investments, Classifieds, ...

- **Computers and Internet**
  Internet, WWW, Software, Multimedia, ...

- **Education**
  Universities, K-12, Courses, ...

- **Entertainment** [Xtra!]
  TV, Movies, Music, Magazines, ...

- **Government**
  Politics [Xtra!], Agencies, Law, Military,

- **News** [Xtra!]
  World [Xtra!], Daily, Current Events, ...

- **Recreation**
  Sports [Xtra!], Games, Travel, Autos, ...

- **Reference**
  Libraries, Dictionaries, Phone Numbers, ...

- **Regional**
  Countries, Regions, U.S. States, ...

- **Science**
  CS, Biology, Astronomy, Engineering, ...

- **Social Science**
  Anthropology, Sociology, Economics, ...

Paramètres de recherche
Opérateurs booléens : AND, OR
Proximité-adjacence : non
Sensibilité aux majuscules : par défaut, non ; si l'utilisateur le désire, oui.
Troncature : si l'utilisateur la choisit, les mots peuvent être traités comme des chaînes de caractères, d'où la troncature implicite à gauche et à droite.

Interface de recherche :

Find all matches containing the *keys* (separated by space)

`hot metal`   [Search] [Clear]

Find matches that contain
○ At least one of the *keys* (boolean **or**)
◉ All *keys* (boolean **and**)
Consider *keys* to be
○ Substrings
◉ Complete words
Display `10` ± matches per page

Résultats de la recherche

Nombre de réponses : au choix de l'utilisateur, soit 10, 25, 50, 100 ou illimité

À la suite d'une recherche, YAHOO présente :
- les intitulés de sections de YAHOO qui contiennent le mot clé ;
- les documents (ou autres) dont le titre, le résumé, ou l'URL contient le mot clé ;
- les intitulés de sections de YAHOO qui contiennent des documents dont le titre, le résumé ou l'URL contient le mot clé.

Format des réponses :

Found 5 matches containing **hot metal**. Displaying matches 1-5.

Entertainment:Music:Artists

- Defiant - **Metal** Band from Buffalo, where the wings are **hot**, and the snow is cold.

Entertainment:People

- Manoogian, John - Steam and **Hot Metal** - Blistering movie reviews and samples, Groundbreaking Digital Art, scorching links, Independent film and music scene, Armenian interest and More!

Regional:U.S. States:Ohio:Cities:Columbus:Education:Colleges:Ohio State University:Departments and Programs:College of Engineering

- Engineering Research Center - Research is conducted closely with companies by contract for the benefit of both organizations. Areas of research include **hot** & cold forging, sheet **metal** forming, die design & mfg., polymers, and die casting.

Regional:U.S. States:Ohio:Cities:Columbus:Education:Colleges:Ohio State University:Departments and Programs:Laboratories/Research Centers

Observations

- Outre l'index par sujets, Yahoo comprend :
    - une section de nouveautés dans l'index (incluant les liens ajoutés le jour même) ;
    - lancements de sites sur le Web ;
    - une section de sites « *cool* » ;
    - une section des 50 sites les plus populaires (le plus souvent visités) par domaine ;
    - les manchettes des journaux ;
    - une section « *random* », qui donne accès à un site choisi au hasard, par un programme dans l'index ;
    - un « centre d'information » sur le site Yahoo même, très complet.
- Les mots clés recherchés sont marqués en gras, ce qui facilite leur repérage dans le texte.
- Les options de recherche sont disponibles seulement à partir d'une section qui leur est destinée (« *Options* »).
- Yahoo est également recherchable à l'aide de Spry Search Wizard (http ://spry.yahoo.com/spry/index.html)
- Signes spéciaux à côté d'un site :
    - [Xtra !]   – information fournie par Reuters
                             – bonne présentation/bon contenu du site
    - NEW !   – site ajouté au cours de la dernière semaine
    - @   – site listé à plusieurs endroits dans la hiérarchie
    - Numéros de
      1 à 18 à côté
      d'un intitulé
      de section :   – nombre d'entrées présentes sous cette section
- Possibilité d'inscrire un site, d'envoyer des commentaires et suggestions
- Excellente sélection de sites d'information dans tous les domaines. Un site à visiter absolument !

Informations générales

Nom : ZWEB

URL : http ://zweb.cl.msu.edu

Producteur et coordonnées : Eric KASTEN (tigger@petroglyph.cl.msu.edu ou kasten@cps.msu.edu)

Description : ZWeb contient les éléments suivants :
- une liste de catalogues de bibliothèques et autres bases de données compatibles avec la norme Z39.50 ;
- un outil de recherche dans cette liste et dans un index de mots clés associés ;
- une interface unitaire de recherche dans ces catalogues ou dans ces bases de données.

Environnement : WWW

Caractéristiques de recherche

Informations trouvables : catalogues de bibliothèques et bases de données compatibles avec la norme Z39.50.

Observations

- Nous présentons d'abord l'outil de recherche dans la liste des bases de données et catalogues. Celui-ci a une interface très simple. Dans la partie suivante, nous présentons l'outil de recherche dans une des bases de données auxquelles ZWeb donne accès (ERIC). Son interface est plus complexe et elle est représentative du fonctionnement des autres outils Z39.50 accessibles par ZWeb. Cependant, leurs interfaces ne sont pas strictement identiques. L'interface de recherche est fonction de la complexité de la base.
- Possibilité d'inscrire des bases de données compatibles avec Z39.50

Caractéristiques de l'outil de recherche dans la liste des catalogues et des bases de données

Zones indexées : nom des catalogues et des bases de données, pays, région, autres mots clés associés. Par exemple, le catalogue de la bibliothèque de l'université d'Alberta est repéré en exécutant une recherche à l'aide du mot clé *Canada*.

Paramètres de recherche
    Opérateurs booléens : non
    Proximité-adjacence : non
    Sensibilité aux majuscules : non
    Troncature : implicite, à gauche et à droite

Interface de recherche :

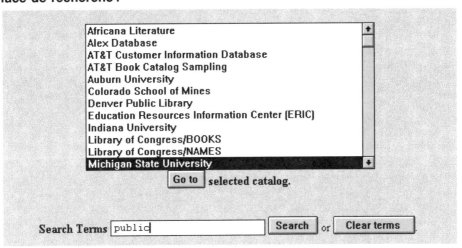

Résultats de la recherche

Nombre de réponses : pour une recherche par mots clés, l'outil présente une liste de catalogues et de bases de données dont le nom ou les mots associés correspondent aux mots clés.

Format des réponses :

ZWeb Catalog Search Response

ZWeb Catalogs matching search terms: public

Denver Public Library

Go to selected catalog.

Caractéristiques de l'outil de recherche dans les catalogues et bases de données

Zones indexées : auteur, titre, source, sujets, résumé, langue, texte intégral

Possibilité de recherche par champ : sujet, titre, auteur, mots clés

Paramètres de recherche

Opérateurs booléens : AND implicite dans le champ mot clé ; AND implicite dans les autres champs si l'option « *word search* » (ou « *embedded matching* » pour d'autres bases de données) est sélectionnée.

Proximité-adjacence : oui, dans les champs auteur, titre, sujet, si l'option « *phrase search* » (ou « *exact matching* » pour d'autres bases de données) est sélectionnée.

Sensibilité aux majuscules : non

Troncature : au choix : à droite seulement, à gauche seulement ; à gauche et à droite, aucune.

Interface de recherche dans la base de données *Eric*

Select **Submit** to submit your search, or **clear** to start over.

Response format ◉ **fancy** ○ **standard** ○ **plain**

Subject | educational change

Execute ○ **word** or ◉ **phrase** subject term matching.

Title |

Execute ◉ **word** or ○ **phrase** title term matching.

Author |

Execute ◉ **word** or ○ **phrase** author term matching.

Keyword |

Term truncation ○ **right** ○ **left** ○ **left and right** ◉ **none**

First record retrieved | 1 | Maximum returned | 10 |

Nombre de réponses : au choix de l'utilisateur, maximum 100 références à la fois

Format des réponses dans la base de données *Eric*

Search Results

| Search | ZWeb |

ERIC database

 Viewing 9 items, starting with record 1

5000 items matched the search request

Index

1. A Background to Rural Education Schooling in Australia.
2. A Basis for Credit? Developing a Post-16 Credit Accumulation and Transfer Framework. Feedback and Developments.
3. A Better Way to Test.
4. A Board Member's Guide to the National Service & Student-Loan Reform Proposals.
5. A Bold New Vision in Mathematics Education.
6. A Book of Memories. Kent State University, 1910-1992.
7. A Booming Reform Movement for Introductory Science

Index par informations trouvables

Actualités
ALL-IN-ONE
SPRY SEARCH WIZARD
YAHOO

Adresses électroniques
FOUR 11

Archives
GLOBAL NETWORK NAVIGATOR'S WHOLE
INTERNET CATALOG (GNN'S WIC)
INTERNET SERVICES LIST
LYCOS
SPRY SEARCH WIZARD
VERONICA
WEBLIOGRAPHY
YAHOO

Articles
EXCITE
INTERNET PUBLIC LIBRARY
INTERNET SERVICES LIST

Babillards
EXCITE

Bases de données
GLOSS
INTERNET SERVICES LIST
TRIBAL VOICE
WWW VIRTUAL LIBRARY
ZWEB

Bibliothèques
SFU'S ELECTRONIC LIBRARY
SPRY SEARCH WIZARD
VERONICA

VIRTUAL REFERENCE DESK
WWW VIRTUAL LIBRARY
YAHOO
ZWEB

Documents
ALIWEB
GLOBAL NETWORK NAVIGATOR'S WHOLE
INTERNET CATALOG (GNN'S WIC)
INKTOMI
INTERNET PUBLIC LIBRARY
OTIS INDEX
SAVVY SEARCH
SFU'S ELECTRONIC LIBRARY
SMS SEARCH
VERONICA
VIRTUAL REFERENCE DESK
WEBLIOGRAPHY
WWW VIRTUAL LIBRARY
WWW WORM
YAHOO

FTP
ARCHIE SERVICES
INFOSEEK
WEBCRAWLER
WEBULA

Gophers
INFOSEEK
LYCOS
SPRY SEARCH WIZARD
TRIBAL VOICE
VERONICA
VIRTUAL REFERENCE DESK
THE VIRTUAL TOURIST

WEBCRAWLER
YAHOO

Guides thématiques Internet
CLEARINGHOUSE

Images
INTERNET SERVICES LIST
LYCOS
SAVVY SEARCH
SPRY SEARCH WIZARD
VERONICA
YAHOO

Index
INTERNET PUBLIC LIBRARY

Informations gouvernementales
LYCOS
SFU'S ELECTRONIC LIBRARY
VIRTUAL REFERENCE DESK
WEBLIOGRAPHY

Information sur un site
ALIWEB
EXCITE

Listserv
DEJANEWS
WEBLIOGRAPHY

Logiciels
ALL-IN-ONE
EXCITE
GLOBAL NETWORK NAVIGATOR'S WHOLE
INTERNET CATALOG (GNN'S WIC)
INTERNET SERVICES LIST
LYCOS
OPEN TEXT INDEX
OTIS INDEX
SAVVY SEARCH
SFU'S ELECTRONIC LIBRARY
SPRY SEARCH WIZARD
VERONICA
VIRTUAL SOFTWARE LIBRARY
WWW VIRTUAL LIBRARY
YAHOO

Organismes et entreprises
ALIWEB
APPOLO
CSI (COMMERCIAL SITES INDEX)
INTERNET MALL
NETMALL

Outils de recherche
CUI W3 CATALOG
CUSI
FRANCITÉ
GLOBAL NETWORK NAVIGATOR'S WHOLE
INTERNET CATALOG (GNN's WIC)
SFU'S ELECTRONIC LIBRARY
SUN MULTHIREADER QUERY PAGE
VIRTUAL REFERENCE DESK
WEBLIOGRAPHY
WWW VIRTUAL LIBRARY

Ouvrages de référence
INTERNET SERVICES LIST
SAVVY SEARCH
SFU'S ELECTRONIC LIBRARY
SPRY SEARCH WIZARD
VIRTUAL REFERENCE DESK
WEBLIOGRAPHY
WWW VIRTUAL LIBRARY
YAHOO

Périodiques
INFOSEEK
SFU'S ELECTRONIC LIBRARY
VIRTUAL REFERENCE DESK

Personnes
ALIWEB
ALL-IN-ONE
EXCITE
FOUR 11
FRANCITÉ
OPEN TEXT INDEX
SAVVY SEARCH
WHOWHERE
WWW VIRTUAL LIBRARY
YAHOO

Produits et services commerciaux
APOLLO
CSI (COMMERCIAL SITES INDEX)
EXCITE
INTERNET MALL
MESCH
NETMALL
OTIS INDEX
SAVVY SEARCH
WHOWHERE

Rapports
ALL-IN-ONE
INTERNET PUBLIC LIBRARY
SAVVY SEARCH
SFU'S ELECTRONIC LIBRARY

Réseaux
GLOBAL NETWORK NAVIGATOR'S WHOLE
INTERNET CATALOG (GNN'S WIC)
INTERNET SERVICES LIST
WWW VIRTUAL LIBRARY

Ressources Internet
ALL-IN-ONE
EINET GALAXY
HARVEST
OTIS INDEX
WEBLIOGRAPHY

Serveurs
GLOSS
SG-SCOUT

Services
ALIWEB
ALL-IN-ONE

Sites éducatifs et culturels
INTERNET PUBLIC LIBRARY
SAVVY SEARCH

Sites MU (*multi-user*)
EXCITE
INTERNET SERVICES LIST

Thèses
SFU'S ELECTRONIC LIBRARY

Usenet
ALTA VISTA
DEJANEWS
EXCITE
INFOSEEK
OTIS INDEX
SPRY SEARCH WIZARD
WEBLIOGRAPHY
YAHOO

Web – pages
ALTA VISTA
CUI W3 CATALOG
EXCITE
FOUR 11
GLOBAL NETWORK NAVIGATOR'S WHOLE
INTERNET CATALOG (GNN's WIC)
HARVEST
INFOSEEK
INTERNET SERVICES LIST
LYCOS
RBSE SPIDER
SAVVY SEARCH
SPRY SEARCH WIZARD
THE WANDERER & WANDEX
TRIBAL VOICE
WEBCRAWLER
WEBULA
WWW WORM
YAHOO

Web – sites
ALTA VISTA
EXCITE
FRANCITÉ
GLOSS
INFOSEEK
THE VIRTUAL TOURIST
W3 SERVERS
THE WANDERER & WANDEX

Conclusion

Un nombre impressionnant et toujours grandissant d'utilisateurs se passionnent pour l'Internet à cause, notamment, de la masse d'informations gratuites à laquelle il donne accès. Plus les utilisateurs augmentent, plus ils prennent de l'expérience, et plus ils deviennent exigeants : ils veulent trouver vite et bien. En d'autres termes, les moyens de trouver de l'information doivent être efficaces, d'usage facile et fournir des réponses pertinentes.

Depuis que les systèmes d'aide à la recherche sont apparus il y a quelques années, ils se sont à ce point multipliés que, au lieu de faciliter la tâche de l'utilisateur, ils la compliquent à certains égards. On déplore entre autres l'absence de standards, la pauvreté des notes explicatives et la diversité de l'information qu'explore chaque service.

Néanmoins, certains systèmes se démarquent et imposent des standards de qualité auxquels, tôt ou tard, les producteurs ne pourront plus échapper. Il est donc à prévoir que, sur Internet, leur nombre atteindra un plafond.

De plus en plus, les systèmes d'aide à la recherche perdent leur caractère de gratuité et deviennent des objets commerciaux. .InfoSeek est payant ; EINet Galaxy fait maintenant partie de EINet Corporation acquise par SunRiver ; WAIS et WebCrawler ont été achetés par America Online, et Lycos est maintenant propriété de Microsoft Network.

De telles acquisitions commerciales et l'apparition d'outils nouveaux laissent présager la tarification de la recherche sur Internet. Il faut cependant accueillir cette tendance avec soulagement : les outils moins performants disparaîtront probablement et ceux qui resteront seront sans doute un gage de satisfaction.

Glossaire

Administrateur : Personne chargée de la gestion d'un réseau local ou d'un serveur. Personne responsable d'un site Web, habituellement chargée de la création et de la mise à jour des pages.

Agent : Logiciel délégué par un humain pour réaliser des tâches à sa place.

Antidictionnaire : Liste de mots vides que le programme de recherche consulte lors de l'indexation de données pour en exclure les mots non significatifs.

Bande passante (*Bandwith*) : Volume d'informations pouvant transiter par un lien de télécommunication.

Banque de données : Ensemble de données regroupées par types (banque de compagnies, de clients, de références bibliographiques) ; pour chaque banque de données, celles-ci sont organisées par zones d'information (titre, auteur, nom de compagnie, année de création, etc.).

Base de données : Système informatique permettant la gestion de données organisées par zones d'information et leur recherche.

Bruit : Réponse non pertinente à une question adressée à un système d'aide à la recherche d'informations.

Client : Composante d'un modèle client-serveur à partir de laquelle l'utilisateur lance une application qui sera traitée en partie dans une autre composante du réseau informatique, le serveur. Le client est l'ordinateur à partir duquel l'utilisateur fait sa demande.

Concept : Représentation mentale générale et abstraite d'une chose ; idée que l'on se fait de quelque chose.

Contrôle de pertinence : Technique qui permet de poursuivre une recherche d'information basée sur des mots clés en la précisant à partir des résultats d'une requête antérieure.

Diffusion sélective de l'information (DSI) : Diffusion régulière d'informations à un utilisateur en fonction de son profil d'intérêt.

Formulaire de recherche : Formulaire élaboré à l'aide du langage HTML permettant de donner des directives au moteur de recherche, telles que le nombre de réponses voulues, l'outil de recherche à utiliser, la base de données à retracer, etc.

FTP (*File Transfer Protocol*) : Protocole de transfert de données qui permet de télécharger une copie de fichier (logiciel, textes, graphiques, images, sons, etc.) d'un ordinateur serveur à un ordinateur client.

Gopher : Système de navigation basé sur une structure de menus, qui permet l'accès à l'information et sa visualisation. Le nom renvoie à celui de la mascotte de l'équipe de football de l'université du Minnesota où Gopher a été créé. Il est possible d'accéder à Gopher par le Web.

HTML (*Hypertext Markup Language*) : Langage utilisé pour créer des documents hypertextes. Sous-ensemble de SGML.

Hypertexte : Organisation d'un document textuel informatisé et caractérisé par la présence de liens dynamiques entre ses diverses sections. Sur le Web, on parle beaucoup d'hypertexte, alors qu'il s'agit de plus en plus d'hypermédia puisque les données peuvent se présenter sous forme de texte, d'images ou de son.

Index : Liste de sujets contenus dans un ensemble de documents, accompagnée de références destinées à localiser ces documents. Sur le Web, les références se présentent sous la forme de liens hypermédias.

Indexation : Attribution automatique ou manuelle de sujets à un document.

Interface de navigation (*Browser*) : Interface qui permet de naviguer sur le Web. Les interfaces les plus connues sont Mosaic, Netscape, Cello et Linx. Aussi appelée *fureteur*.

Knowbot (*Knowledge Robot*) : Programme autonome de recherche d'informations qui fait régulièrement rapport de ses recherches.

Lien mort : Lien qui ne renvoie plus à aucun site parce que ceux-ci ont disparu ou ont changé d'adresse.

Listserv : Service de groupes de discussion fonctionnant par courrier électronique et permettant la gestion automatique de listes de distribution.

Miroir : Mécanisme de copie du contenu d'un site dans un autre site. Le nouveau site peut ainsi desservir les utilisateurs locaux plus rapidement et en réduisant le volume d'accès du premier site.

Mot clé : Mot ou ensemble de mots représentant l'information recherchée et adressée au système de recherche pour guider son exploration dans la base de données. Faute de standards, chaque système comporte sa propre syntaxe (manière de rassembler les mots clés).

Moteur de recherche : Programme d'outil de recherche qui, à partir d'une question posée, fouille dans une base de données pour trouver une réponse pertinente qu'il transmet à l'utilisateur.

Mot vide (ou mot-outil) : Terme non retenu comme significatif par un système de repérage de l'information (adverbe, préposition, article, etc.)

Opérateur booléen : Mot-lien qui permet d'inclure ou d'exclure des éléments de recherche. Par la combinaison ou l'exclusion de mots clés en utilisant les opérateurs *et*, *ou* et *sauf*, il est possible de raffiner la recherche d'information.

Opérateur de proximité : Mot-lien qui permet d'indiquer au système de recherche la proximité de mots clés, côte à côte, sur une même ligne, dans un même paragraphe.

Outil de recherche : Système muni, d'une part, d'une interface permettant à l'utilisateur de poser une question à l'aide de mots clés et de règles de syntaxe et, d'autre part, d'un moteur de recherche qui confrontera la question à une base de données pour en évaluer la pertinence.

Poids d'un mot : Importance d'un mot dans un document, calculée en fonction du nombre d'occurrences et de sa position dans le texte.

Précision : Caractéristique d'un système de recherche qui exclut les documents non pertinents.

Rapidité de recherche : La rapidité d'un outil de recherche dépend du volume de la base de données, de la complexité de la recherche et de la qualité du programme en cause. Sur l'Internet, la rapidité dépend aussi de l'encombrement du réseau.

Rappel : Caractéristique d'un système de recherche qui repère les documents pertinents.

Réseau client-serveur : Environnement informatique qui permet aux utilisateurs d'un réseau d'avoir accès à l'ensemble des données et des applications du système d'information de l'ordinateur hôte.

Ressource Internet : Élément d'intérêt disponible dans l'un des sites Internet du réseau. Une ressource Internet peut être un navigateur (Gopher, W3), une base de données accessible par FTP ou même un correspondant lors d'une session de dialogue en direct.

Robot (*Robot, Wanderer ou Spider*) : Programme qui traverse automatiquement et de manière récursive les pages du WWW en suivant les pages liées pour les indexer et les cataloguer afin d'en permettre le repérage.

Serveur : Composante d'un modèle client-serveur abritant une ou des bases de données auxquelles peuvent faire appel les utilisateurs du réseau à partir de leur propre ordinateur. Le serveur est constitué de logiciels d'application et de bases de données, mais on l'assimile souvent au seul ordinateur hôte qui abrite ces ressources.

Signet (*Bookmark*) : Mise en mémoire d'une référence intéressante dans le but d'en accélérer l'accès ultérieurement. Les signets sont utilisés dans les clients W3 et les clients Gopher.

Silence : Absence de références pertinentes à la suite d'une requête.

Stratégie de recherche : Ensemble des étapes d'une recherche.

Système d'aide à la recherche : Système de recherche englobant les outils de recherche par mots clés, les formulaires de recherche, les index et les systèmes de classification.

Troncature : Substitution d'un symbole à un ou plusieurs caractères (par exemple, « informat* » couvre aussi bien « information » qu'« informatique »).

URL (Uniform Resource Locator) : Adresse d'une page sur le Web. Elle est constituée du protocole de transfert de documents (http, Gopher, Telnet, FTP), du site et, s'il y a lieu, du nom du document (par exemple, http ://www.crim.ca/biblio.html).

Usenet : Système de groupes de discussion distribué, constitué d'un réseau de serveurs où sont centralisés les messages électroniques traitant de sujets particuliers.

Web (Worl Wide Web, ou WWW ou W3) : Système hypermédia d'accès à l'information de divers types (texte, son, image fixe ou animée, graphique) disponible sur l'internet.

Bibliographie et références

Les sous-titres de la bibliographie renvoient aux titres de ce guide afin que vous puissiez établir rapidement un lien entre le texte et les sources d'information qui ont servi à la rédaction.

La recherche d'informations

[DEBR94]   P.M.E. De Bra et R.D.J. Post. « Information retrieval in the World-Wide Web : Making client-based searching feasible ». *Computer networks and ISDN systems*, vol. 27 (1994) : 183-192.

[DECE]   John December. *Network information retrieval (NIR)*. http://www.rpi.edu/Internet/Guides/decemj/itools/cmc.html

[GILS]   Paul Gilster. *Finding it on the Internet*. Toronto : John Wiley & Sons, 1994. 302 p.

[KIND94]   Robin Kinder (ed.). *Librarians on the Internet : Impact on reference services*. New York : The Haworth Press, 1994. 410 p.

[MILL95]   Michael J. Miller. « Help ! I'm Drowning in Data ! » *PC magazine* (May 16, 1995) : 75-76. http://www.pcmag.ziff.com/~pcmag/1409/pcm00061.htm.

[MUNG95]   Benoît Munger. « Planète sur l'inforoute : Je ne cherche pas, je trouve ». *Le Devoir* (11 septembre 1995).

[SLAD94]   R. Slade. « Risks of client search tools ». *RISKS-FORUM digest*, vol. 16, no. 37 (31 August 1994).

[STEI]   Reuven Steinberg. *Internet searching : A Carleton tutorial*. http://www.carleton.edu/campus/library/studentworkers/tutorial/contents.html

[TELL94]   Sylvie Tellier. « Voyage guidé sur l'Internet ». *Direction informatique*, vol. 8. no 6 (juin 1995) : 54.

[WEIS]   Aaron Weiss. *Hop, skip, and jump : Navigating the World-Wide Web*. http://publs.iworld.com/iw-online/Apr95/feat41.htm

Identification du sujet de recherche

[BONO92]   Edward de Bono. *Serious creativity*. New York : HarperBusiness, 1992.

[BUZA93]   Tony Buzan et Barry Buzan. *The mind map book : Radiant thinking*. Buzan Centres, 1993.

[DESC93]   Gille Deschatelets. *La communication de l'information : Syllabus de cours*. Montréal : Université de Montréal, EBSI, 1993.

[GAIN95]   Brian R. Gaines et Mildred L.G. Shaw. « WebMap : Concept mapping on the Web ». *Fourth international World Wide Web conference*. O'Reilly, 1995. P. 171-183.

[MIND1]   *Mind map EMail list*.
            maiser@emagic.marc.cri.nz, subscribe mindmap

[MIND2]   *Mind mapping FAQ*.
            http ://world.std.com/ ~ emagic/mindmap.html

[MIND3]   *Mind Mapper* 1.0. EGLE Magic. (Shareware).
            ftp.cica.indiana.edu pub/pc/win3/pim/mindmap.zip

[MIND4]   *Mind Maps Plus Software program*. Cedar Software, +44 250 875929

[MIND95]   Mind Tools. *Improving not taking with mind maps*. 1995.
            http ://www.demon.co.uk/mindtool/mindmaps.html

[SOWA91]   J.F. Sowa (ed.). *Principles of semantic networks : Explorations in the representation of knowledge*. San Mateo, CA : Morgan-Kaufman, 1991.

Évaluation de l'information trouvée

[HEND]   Margaret Hendley. *Evaluating what you have found*. University of Waterloo Library.

[ORMO]   Joan Ormondroyd, Michael Engle et Tony Cosgrave. *How to critically analyse information sources*. Cornell University Library.

Compilation de l'information

Compilation bibliographique

[APA]   *APA and MLA citation styles*.
            http ://www.utexas.edu/depts/uwc/.html/citation.html

[GUID95]   *Guides for citing electronic sources*. 1995.
            http ://www.cmns.mnegri.it/extern_resources/citing_internet_ref.html

[LIXI93]   Xia Li et Nancy Crane. *Electronic style : A guide for citing electronic information*. Westport : Meckler, 1993.

[UNIV]   Université Laval, Bibliothèque. *Comment citer un document électronique*.
            http ://www.bibl.ulaval.ca/doelec/citedoce.html

[WAIN]   Mark Wainwright. *Citation style for Internet sources.*
            http ://www.nrlssc.navy.mil/meta/bibliography.html

[WALK95]   Janice R. Walker. *MLA-style citations of electronic sources.* Tampa,
            FL : University of South Florida, 1995.
            http ://www.ca.usf.edu/english/walker/mla.html

Signets structurés en fonction de la demande

[WRIT]   Writing HTML documents.
            http ://granite.dcs.warwick.ac.uk :2345/~chrhin/doc/dev-page1.html

Diffusion de l'information

[SEAR]   *Searching the net : An online Internet Institute Summer Project.* Assiniboine
            School Division, Manitoba.
            http ://arlo.wilsonhs.pps.k12.or.us/search.html

Bibliothèque virtuelle

[DIGI95]   «Digital Libraries». *Communications of the ACM*, vol. 38, no. 4 (April 1995).

[GREE]   David G. Green. *Proposed operation of a virtual library.* Albury, Australia :
            Charles Sturt University.
            http ://life.anu.edu.au/people/dgg/virtual.html

[TELL93]   Sylvie Tellier. «La bibliothèque virtuelle : L'information au bout des
            doigts». *Direction informatique*, (novembre 1993) : 14, 20.

[TELL94]   Sylvie Tellier. *La bibliothèque virtuelle...ou les nouveaux pouvoirs de l'information.*
            1994.
            http ://www.crim.ca/doc/biblio_virt_doc.html

[WWWV]   *The WWW virtual library : Virtual Libraries.*
            http ://www.w3.org/hypertext/DataSources/bySubject/Virtual_libraries/
            Overview.html

Diffusion sélective de l'information

[DAVI95]   John Davies, Richard Weeks et Mike Revett. «Jasper : Communicating
            information agents for WWW». In *Fourth international World-Wide Web
            conference.* O'Reilly, 1995. P. 473-482.

[KAMB95]   Tomonari Kamba, Krishna Bharat et Michael C. Albers. «The Krakatoa
            Chronicle : An interactive personalized Newspaper on the Web». In *Fourth
            international World-Wide Web conference.* O'Reilly, 1995. P. 159-170.

[STAN]   *Stanford Netnews filtering service.*
            http ://hotpage.stanford.edu

[UNIV]   Université Laval, Bibliothèque. *Diffusion sélective de l'information (DSI/BUL) : Une solution à vos problèmes d'information.*
http ://www.bibl.ulaval.ca/info/dsi.html

Les systèmes d'aide à la recherche

[CARL95]   Jeremy Carl. « Yahoo, Open Text put their halves together ». *WebWeek*, vol. 1, no. 6 (October 1995).
http ://www.mecklerweb.com/mags/ww/news/oct-95/news/1-6halves.html

[DECE]   John December. *Internet tools summary.*
http ://www.rpi.edu/Internet/Guides/decemj/itools/internet-tools.html

[FREN95]   Jeffrey Frentzen. « Let you virtual fingers do the walking ». *PcWeek*, (July 3, 1995). E3.
http ://www.zdnet.com/~pcweek/navigator/0703/nav0703.html

[KOCH95]   Traugott Koch. *Searching the Web : Systematic overview over indexes.*
http ://www.ub2.lu.se/TK/websearch-systemat.html

[KOST]   Martijn Koster. « Aliweb : Archie-like indexing in the Web ». *Computer networks and ISDN systems*, no. 27 (November 1994) : 175-182.

[LEVI95]   Carol Levin. « I know it's out there somewhere... ». *Pc magazine*, (August 1995). 31
http ://www.zdnet.com/~pcmag/1414/pcm00015.htm

[NOTE95]   Greg R. Notess. « Searching the World-Wide-Web : Lycos, WebCrawler and more ». *Online*, (July/August 1995) : 48-53.

Les robots

[CARL95]   Jeremy Carl. « Protocol gives sites way to keep out the bots ». *Web Week*, vol. 1, no. 7(November 1995).
http ://pubs.iworld.com/plweb-cgi/idoc.pl ?12

[CHEO96]   Fah-Chung Cheong. *Internet agents : Spiders, wanderers, brokers, and bots.* Indianapolis : New Riders, 1996. 413 p.

[EICH94]   D. Eichmann. « Ethical Web Agents ». In *Second international World-Wide Web conference.* (Chicago, October 1994.)

[FLET]   Jonathon Fletcher. *Internet robots : Structure from anarchy ?*
http ://lorne.stir.ac.uk :80/~jf1/papers/signidr.html

[KOST1]   Martijn Koster. *A list of know robots.*
http ://web.nexor.co.uk/mak/doc/robots/active.html

[KOST2]   Martijn Koster. *Robots in the Web : threat or treat.*
http ://info.webcrawler.com/mak/projects/robots/threat-or-treat.html

[KOST3]   Martijn Koster. *A Standard for robot exclusion.*
            http ://web. nexor.co.uk/mak/doc/robots/norobots.html

[KOST4]   Martijn Koster. *WWW robots, wanderers and spiders.*
            http ://web.nexor.co.uk/mak/doc/robots/robots.html

[KOST93]   Martijn Koster. *Guidelines for robot writers.* 1993.
            http ://web. nexor.co.uk/mak/doc/robots/guidelines.html >

[PINK94]   B. Pinkerton. «Finding what people want : Experiences with the
            WebCrawler». In *Second international World-Wide Web conference.* (Chicago,
            October 1994.)

[RIEC94]   Doug Riechen. «Intelligent agents». *Communications of the ACM*, vol. 37,
            no. 7 (July 1994).

[SAVE]   Kevin Savetz. *Here come the knowbots !*
            http ://redwood.northcoast.com/savetz/articles/knowbots.html

[SCAL95]   Jane Scales and Elizabeth Caulfield Felt. «Diversity on the World Wide
            Web : Using robots to search the Web». *Library software review*, vol. 14,
            no. 3 (Fall 1995) : 132-136.

[SPET94]   Scott Spetka. «The TkWWW robot : Beyond browsing». In *Second
            international World-Wide Web conference.* (Chicago, October 1994.)

Les métapages

[KOST]   Martijn Koster. *Why simultaneous search engines are not so great.*
            http ://puweb.nexor.co.uk/public/cusi/doc/simultaneous.html

Les index

[TRAU]   Traugott Koch. *Searching the Web : Systematic overview over indexes.*
            http ://www.ub2.lu.se/tk/websearch_systemat.html

Les systèmes de classification

[LIBR]   *[Library of Congress classification].*
            gopher ://info.ann.edu.au :70/11/elibrary/lc

[MATH]   *Mathematics subject classification.*
            http ://www.ma.hw.ac.uk/~chris/MR/MR.html

[UNIV]   Université Laval, Bibliothèque. *Abrégé de la classification du Congrès.*
            http ://www.bibl.ulaval.ca/info/congres.html

[WELC]   *Welcome to Mesa Verde...*
            http ://www.Sanjuan.edu/html/sj.schools/MesaVerde/vic/lrc.html

[WWWV]   *The WWW virtual library.*
            http ://www.w3.org/hypertext/DataSources/bySubject/
            LibraryOfCongress.html

Choix des systèmes d'aide

[BERN]   Michael Berns. *RoboSearch : A critical examination of the family of WWW search engines and how they can be used in education.*
            http ://www.oise.on.ca/~mberns/RoboSearch.html

[CAMB95]   Karen Campbell. *Comparing search engines.* Hamline University, Bush Library.
            http ://www.hamline.edu/library/links/comparisons.html

[COUR95]   Martin P. Courtois, William M. Baer et Marcella Stark. «Cool tools for searching the Web : A performance evaluation». *Online*, (November/December 1995) : 15-32.

[HIPS95]   David Hipschman. «Gentlemen, start your search engines». *Web review.*
            http ://gnn-e2a.gnn.com/gnn/wr/features/search/testdrv1.html

[LANC72]   F.W. Lancaster. «The influence of system vocabulary on the performance of a retrieval system». In *Vocabulary control for information retrieval.* Washington : Information Resources Press, 1972. P. 107-114.

[LEIG]   H. Vernon Leighton. *Performance of four World Wide Web (WWW) index services : Inforseek, Lycos, Webcrawler and WWWWorm.*
            http ://www.winona.msus.edu/services-f/library-f/webind.htm

[LIUJ95]   Jian Liu. *Understanding WWW search tools.* Reference Department, Indiana University Bloomington Libraries, Sept. 1995.
            http ://www.indiana.edu/~librcsd/search/

[PLEW]   Brandon Plewe. *Popular navigational aids.*
            http ://wings.buffalo.edu/contest/awards/navigators.html

[PLOU]   Jean-Noel Plourde. *Bibliographie sur les outils de recherche.*
            http ://tornade.ere.umontreal.ca/~plourdej/moteurs.html

[RAND95]   Neil Randall. «The search engine that could». *PC computing*, (September 1995).
            http ://www.zdnet.com/~pccomp/features/internet/search/index.html

[SCOV96]   Richard Scoville. «Find it on the net». *PC World*, vol. 14, no. 1 (January 1996) : 125-130.

[SELB]   Erik Selberg Oren Etzioni. *Multi-engine search and comparison using the MetaCrawler.* In Fourth international World-Wide Web Conference. O'Reilly, 1995. P. 195-208.
            http ://metacrawler.cs.washington.edu :8080/papers/www4/html/Overview.html

[STAN]   T.S. Stanley. *Searching the World Wide Web with Lycos and Infoseek.*
            http ://www.leeds.ac.uk/ucs/docs/fur14/fur14.html

[STEM]   R. Stembridge. *Chemical information resources on the World Wide Web.*
            http ://hackberry.chem.niu.edu :80/Infobahn/Paper23/

[TWEN]   Chris Tweney et Rich Schwerin. *Internet search tools.*
            http ://www.zdnet.com/ ~ zdi/tblazer/search.html

[UNIV95]   University of Michigan School of Information and Library Studies. *Matrix of WWW indices.*
            http ://www.sils.umich.edu/ ~ fprefect/matrix.shtml

[WEBS]   *Web search tools : An educational evaluation.*
            http ://cnet.unb.ca/clrn/nb/l/pages/enfe/evaluate/

[WILS95]   « Katie Wilson reviewed three search engines including Infoseek ». *Online currents*, vol. 10, no. 4 (May 1995) : 5-6.

[WINS95]   Yan R. Winship. *World Wide Web searching tools : An evaluation.*
            http :// www.bubl.bath.ac.uk/BUBL/IWinship.html

Glossaire

[CIDI]   CIDIF. *Terminologie.*
            http ://www.cidif.org/termino.htm

[COMM]   Commission ministérielle de terminologie de l'informatique. *Glossaire en infomatique.*
            http ://www-rocq.inria.fr/ ~ deschamp/www/CMTI/glossaire.html

[OFFI]   Office de la langue française. *Vocabulaire de l'Internet.*
            http ://www.off.gouv.qc.ca/doc-glos.htm

[GOYE95]   Nicole Goyer, Jean Lalonde et André Laurendeau. *Internet au bout des doigts.* Glossaire. Saint-Laurent, Éditions du Trécarré, 1995.
            http ://www.neomedia.com/iabdd/glossair/glossai.html

Index